JN058918

Adlerian Approaches for School Counseling at Elementary School

How to encourage children, their parents and their school

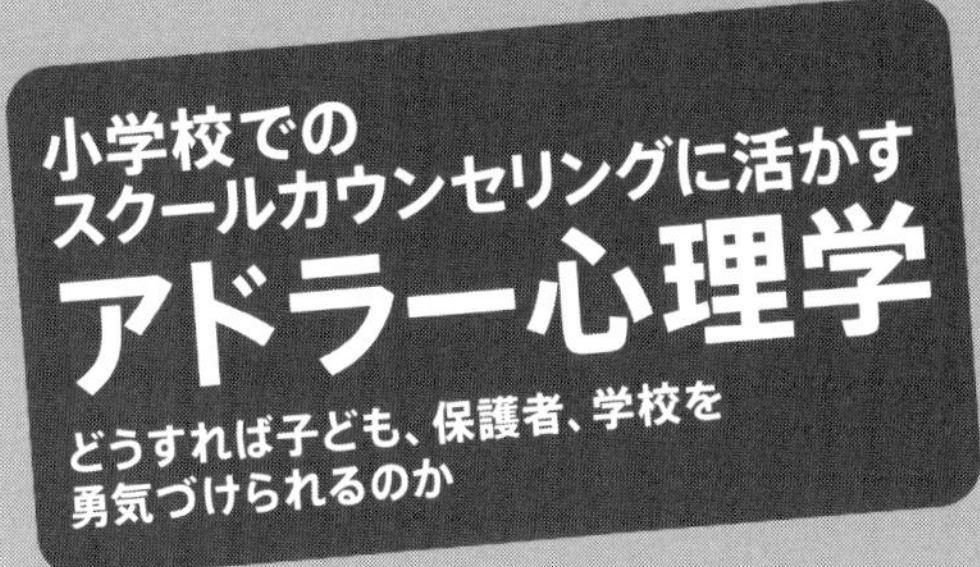

山口麻美

アルテ

はじめに――スクールカウンセリング活動とアドラー心理学

本書を読んでくださる皆様へ

数多くの書物の中から、本書を手に取っていただき、ありがとうございます。筆者は、二〇一四年（平成二十六年）四月から、東京都公立小学校でスクールカウンセラー（以下、SC）をしております。東京都では、ちょうどこの年度から、公立小学校全校にSCが配置されるようになりました。実際に、小学校でSCとして勤務をしておりますと、報道されているニュースの出来事、例えば、不登校、いじめ、虐待、自傷行為などが、決して他人事などではなく、私たちの身近な日常にもあることを再認識させられます。小学校では、子どもの純粋で無邪気な面に接することができ、とても楽しいこともある一方で、前述のようなとても悲しい出来事に関連するような事例に接することもあります。日常の問題として、自分が、実際に関わることになって初めて、それらの本当の問題、意味が分かってきたと感じています。

SCは、時として、目の前で起こっている事にどのように接すれば良いのか、迷うこともあります。そんな時、SCとして、自分がどのように振る舞うべきなのかは、自分が臨床活動の拠り所としている考えや理論などに従って、対応・行動するのだと思われます。筆者は、二〇一一年から学んでいるアドラー心理学（英語ではIndividual Psychology、個人心理学とも訳されます）の教え、理論、思想などに支えられ、ＳＣ活動を続けてこられたと感じることが多くあります。ですから、本書では、小学校でＳＣとして勤務されている方々や、これから小学校でＳＣとして働きたいと思っている方々に、小学校ＳＣに役立つアドラー心理学をお伝えしたい、と思っております。もちろん、それ以外の方々、例えば、他の校種でＳＣとして働いている方々、小学校の教職員の方々、保護者の方々、他の機関で、小学生に関わっている対人援助職の方々、アドラー心理学に興味を持たれる方々などにも、読んでいただけたら幸いに存じます。

本書では、ＳＣが小学校で実際に活動する中で、どのようにアドラー心理学を活かしているのかについて、できるだけ具体的な活動に則してお伝えすることを心がけて書いています。学校で生じる問題を見立て、解決するためだけではなく、ＳＣ自身の態度やあり方、ＳＣとして活動する時の戸惑いや悩みなどにもアドラー心理学が活かせることをお伝えしています。

アドラー心理学は、『嫌われる勇気』[1]、『幸せになる勇気』[2]の発刊後、今でこそ、自己啓発の分野やその他の分野でも取り上げられるようになりましたが、それ以前は、主に、教育や子育ての分野で広まっていたように思われます。アドラー心理学は、日本においても子育てや教育の分野と相性が良いのだと思われますが、それは、アドラー自身が、子どもの教育に力を注いでいたからです。深沢も「アドラー心理学は学校臨床の祖ではないか[3]」と表現しています。アドラーがどのように子どもの臨床や教育に関わっていたのかについては、本書第１章で説明します。

アドラー心理学との出会い、学びと実践

筆者がどういうわけで、スクールカウンセリングなどの臨床活動の礎のひとつとしてアドラー心理学を選んだのか、それは、学び、実践してみて、「これは役に立つ！」と思ったからです。アドラー心理学は、実践の心理学で、理論と実践の隔たりがなく、汎用性が高いと感じているからです。[4] 筆者は、まだまだ経験を積みながら、様々なことを学んでいる最中の臨床家の一人ではありますが、それだからこそ、臨床で実際に使って見て、良かったものをお勧めします。

ここでは、筆者が子どもと関わった時に数々の苦い経験をした末に、アドラー心理学にどのようにたどり着き、どのようなわけでスクールカウンセリングを始めとする臨床活動の礎のひとつにアドラー心理学を選んだのかという話を簡単にさせていただきます。

筆者が初めてアドラー心理学に出会った当時、筆者は、大学院で社会人学生をしながら、私立の特別支援学校と、東京都内の特別支援通級学級（情緒障害学級）で非常勤職員として働いていました。当時の筆者は、学校・学級で出会う子ども達と、いまいち、うまく関わることができず、悩んでいました。それなりに、仲良くなれたり、話せたりはするのですが、信頼関係が築けていないと感じていたのです。自分では一生懸命関わっているつもりでも、子どもたちを不安にさせたり、動揺させたりしてしまうことが多々ありました。働いていた現場が特別支援教育現場だったので、特に、感受性が強かったり、繊細だったり、個性豊かな子どもたちが多く、彼らが何を考えているのか、何をするのかなど筆者には皆目見当もつかず、毎回いいように、今思えば、勝手に振り回されていました。他の子どもとトラブルになってから慌てて対処する……という日々の毎日で、いつだって後手後手の対応で、そのパターンは変わりませんでした。子どもはかわいいけれど、だんだんと疲れていく自分がい

ました。一方で、これらの現場で働いていらっしゃる先生たちの中には、子どもが厚い信頼を寄せているのが手に取るように分かる方が何人もいらっしゃったのです。しかも、そのような先生たちは、子ども達が何を考えているのか、何を望んでいるのか、次にどんな行動をするのかをほとんど理解、予測されていました。そのことは、言語的な表現が少ない子どもたちに対しても同様でした。このような先生たちの態度や対応を見て、この人たちは一体どんな特殊なミュニケーション能力を持っているのかしら?とか、魔法でも使っているのでは、と思えたほどでした。

自分とそのような先生たちとの間に大きな違いがあることは明白でした。でも、一体、何が違うのか、自分には何が足りないのか、それがどうしても分かりませんでした。そう思い、悩んでいたある日、ある学会のシンポジウム会場で、アドラー心理学に出会いました。そこで、アドラー心理学の教え、理論、思想を初めて聞いて、目から鱗が落ちました。「あー、そういう訳だったのか!」。何度もそう思いました。自分に欠けていた部分が明確になってきたのです。筆者に欠けていたもの、それは、挙げればきりがないのですが、ここでは三つ挙げます。

一つ目は、子どもを見立て、理解するための視点、つまり全体論的、主体論的、認知論的、目的論的な視点でした。

二つ目は、子どもに接する時の望ましい態度=勇気づけの態度でした。子どもが、自分の課題に、主体的に取り組めるためには、勇気を持っていることが必要で、周囲の大人は、子どもが勇気を持てるように、勇気をくじくことをせずに、勇気を与えるような関わりが大切なのです（そして、このような態度は、何も子どもに対してだけのことではなく、大人に対しても、当然、大切で必要不可欠な態度です）。

そして三つ目は、子どもに関わる時に必ず大人が持っていなければならない教育指針でした。特に、学校現場で子どもに関わる大人は、子どもに対してどんな大人になって欲しいのか、目指す先を明確に持っている必要があります。当時の筆者には、残念ながらそれがありませんでした。そのような考えすら、なかったかもしれません。アドラー心理学では、人は自らの「共同体感覚」を発揮できるように行動できることが望ましい、という明確な考えがあります。そして、「共同体感覚」を育み、発揮する練習は、子どものころからしておくことが必要です。大人になってから、急には発揮できないのです。ですから、当然、子どもに対しても、「共同体感覚」が育まれ、発揮できるように関わる、働きかけるという指針を持って接することが大切なのです（さらには、そのような指針を持って子どもに接する大人自身が「共同体感覚」を発揮することも大切です）。

アドラー心理学に出会ったのち、筆者は、自分に欠けていたことを意識し始め、アドラー心理学をもっと学びたくなりました。そして、少しずつアドラー心理学を学び、実践してまいりました。そうすると、子どもたちとの関係性も徐々に変わってきました。子どもたちが筆者の話を聞いてくれたり、自分の事を話してくれたりするようになりました。子どもが何をしようとしているのか、何を望んでいるのかも少しずつ分かるようになりました。一緒に働く先生たちとの関係も変わってきたようにも感じられました。子どもについての見立てや、どのように接したら良いのか、などを相談したり、一緒に考えたりするような関係性になりました。このような経験を経て、筆者は、以前からやってみたいと思っていた、スクールカウンセラーという職業に挑戦することができました。後になって分かったのですが、アドラー心理学と出会って、筆者に欠けていると痛感した前記の三点は、ＳＣとして活動するに当たってもとても重要な要素でした。

スクールカウンセリング活動の主要なプロセス

筆者がSC向けの研修会や書物などで学んできた中で、そして、スクールカウンセリング活動を実際にしてきた中で、スクールカウンセリングにおける重要かつ主なプロセスとして理解しているものを三点挙げると、次のようになります。

スクールカウンセリングにおける主な三つのプロセス
（1）学校現場でSCとして受け入れられるための信頼関係作り
（2）アセスメント（学校、学級、児童など）
（3）問題対処（解決）

前述した筆者に足りなかった主な三つの要素のうち、「子どもを見立て、理解するための視点」は、（2）に含まれます。「子どもに接するときの望ましい態度」は、（1）を築くために欠くことのできないものだと思われます。そして、「子どもに関わる時に必ず大人が持っていなければならない教育指針」は、（3）に取り組む際に持っていなければならないものだと思われます。詳しいことは、本書の中でお伝えしてまいります。

SC活動をして六年が経ちますが、このようにスクールカウンセリング活動を改めて見てみると、アドラー心理学を知らなかったら、筆者はSCとして、とても務まらなかったのではないか、とつくづく思います。

誰でも、新しい仕事の一年目はあるものですが、専門職一年目は、一年目であっても、それなりの質が求められます。ＳＣとして一年目を迎えた筆者は、緊張しつつも、周りの方々の協力を得ながら、アドラー心理学の教え、思想などとともに、何とか必死に実践をしてまいりました。今でも、余裕はなく、必死に取り組んでいることには変わりはないのですが、アドラー心理学とともに、日々の現場で、奮闘している筆者の様子を本書でお伝えしたいと思っております。

スクールカウンセリング活動にアドラー心理学が活かせるわけ

ここで、筆者が考えるスクールカウンセリング活動にアドラー心理学が有益であるわけを三点挙げます。

筆者が考えるアドラー心理学が小学校でのスクールカウンセリング活動に活かしやすいわけ
アドラー心理学は、
① 子どもの教育を重要視しているから
② ＳＣ活動に活用できる実践的な技法（理論・思想）を持っているから
③ 問題対処にＳＣとして必要な指針と姿勢（「共同体感覚」）を明確に示しているから

これらの三つは重複する面もあるかと思います。①と②はわかりやすいかと思うので、③を少し詳しく説明します。アドラー心理学が明確に示している指針・姿勢とは、「共同体感覚」です。筆者は、アドラー心理学の「共同体感覚」を意識することで、問題対処をする際には、子どもの「共同体感覚」を育成・発揮させるという指針・方向性を持ちつつ、さらにはＳＣ自身が自らの「共同体感覚」を発揮して臨む姿勢を保つことができると感じています。一般的な言葉で言えば、このような姿勢は、他職種との連携、協働ということになるでしょう。これは、ややもすると、個別療法のみに陥りやすい心理職にとっては、学校という現場で必要不可欠な視点を思い出させてくれるありがたい思想・教えになるのです。

これも、よく考えてみると、筆者が子どもに関わり始めた当初に、欠けていた、主な三つの要素、さらには、スクールカウンセリング活動の主なプロセスと重なることだなと、感じております。要は、アドラー心理学は、子どもの教育について、しっかりとした考え、指針を持っていて、子ども（人）を日常生活の中で見立て、理解する方法も持っている。そして、SCとして問題対処するための指針・姿勢を示し、支える思想も持っているのです。繰り返しになりますが、これはスクールカウンセリング活動に求められる基本的な要素なのです。本書では、アドラー心理学の考え、思想や理論、技法や実践を、スクールカウンセラー活動のプロセスに沿って説明してまいります。ただ、それだけだと、アドラー心理学全体の考え、思想、理論、技法などが分かりにくい、と思う方がいらっしゃるかと思いますので、本書では付録として、アドラー心理学の基礎をまとめました。本書では、話の流れとして、理論的なところを割愛している部分があります。その部分に関しましては、付録を参照していただければと思います。

本書を読んで、教育現場、特にスクールカウンセリングの場で役に立つアドラー心理学の理論や教え、思想などを知っていただき、小学校の現場で、自分もアドラー心理学を実践してみよう、アドラー心理学的に子どもと関わってみよう、などと思われる方々が増えてくだされば幸いに思っております。

子どもたち、先生たち、そして保護者の皆様の笑顔が増えることを、何よりも願っております。

【文献】

（1）岸見一郎・古賀史健、『嫌われる勇気』、ダイヤモンド社、二〇一三年
（2）岸見一郎・古賀史健、『幸せになる勇気』、ダイヤモンド社、二〇一六年
（3）深沢孝之、「スクールカウンセリングとアドラー心理学」、深沢孝之編著、『アドラー心理学によるスクールカウンセリング入門――どうすれば子どもに勇気を与えられるのか』、アルテ、二〇一五年、一一頁
（4）山口麻美編著、『アドラー臨床心理学入門――カウンセリング編』、アルテ、二〇一七年、六～八頁

目　次

第1章　アドラー心理学における子どもの教育

本書はじめにでは、筆者がどのような訳でアドラー心理学がスクールカウンセリングの現場に役に立つと感じているか、をお伝えしました。そのうちの一つに、アドラー心理学が子どもの教育を重要視していて、それに対する明確な考えがあることを挙げました。

アドラー心理学の創設者であるアドラー自身が、子どもの教育に重点をおいた臨床を行なっていました。アドラー以降もこの精神が引き継がれ、アドラー心理学では、子ども教育に対する考え方、関わり方や、教師や親などに向けたプログラムなども確立されています。

アドラー心理学が子どもの教育をどのように捉えていたのか、ここでは、子どもに関わる大人にぜひ知っていただきたいアドラー心理学における子どもに関する考え、教えなどを説明いたします。

また、本章では、アドラー心理学で用いられる用語が数多く登場します。本章では詳しい説明を割愛している用語もあります。それぞれの用語に関する詳しい説明は、本書付録をご参照ください。

子ども時代の大切さ――ライフスタイルの原型

アドラーは、医師として活動し始めた当初から、子どもの教育に携わっていたわけではありません。

自らの臨床経験を通じて、「人間知」を探求していくうちに、子ども時代が人間にとって重要な意味を持つこと、それゆえに子どもの教育が、人においてとても意味のある重要なものだと考えるようになりました。彼は、精神科医として活動し始めた頃は、主に成人を対象に診察していました。こころの不調を訴える多くの人々と接するうちに、人のこころの不調に関して、「劣等感」の補償（自分が他者や自分の理想とするものと比べて、劣っているという主観的な考えを健全な方法で解決すること）に失敗し、「共同体感覚」（自分が社会に所属していると感じる感覚、社会のために貢献しようと思う感覚など）が発揮できない状態であると考えました（「劣等感」、「共同体感覚」について、詳しくは付録をご参照ください）。そして、「劣等感」の源や「共同体感覚」のあり方は、幼少時代にまで遡ること、そのため、あらゆる人にとって、幼少期・子ども時代が大きな意味を持っていると考えるようになりました。アドラーは、第一次世界大戦に軍医として従軍したのですが、その時に、多くの負傷兵と関わることになりました。この経験から、アドラーは自らの「劣等感」の考えと、それが幼少期・子ども時代までに遡るという考えをより強く明確に持つようになったと言われています。

アドラーは、「個人心理学は、特に子どもの心理に関わってきた。それ自体に意義があるからでもあるが、子どもの心理から逆に大人の性格特性や行動様式を明らかにすることができるからである」[1]と述べています。アドラーは、人のライフスタイル（人の思考、感情、行動のスタイルの総称、信念の体系で、生きていくための指針。詳しくは、付録をご参照ください）の原形が、幼少期早期（三歳から四歳）に作られると考えていました。また、アドラーの弟子であるドライカースも「四歳から六歳頃までに一定の性格を形作る」と述べていました[2]。

筆者は、SCの活動以外に、都内の心療内科でカウンセラーとして従事しております。ここでは主に、成人の話を聞いているのですが、彼らのほとんどが、自分の幼少期・子ども時代の話をして、今の自分が課題を抱えることになった発端が幼少期や子ども時代にあったり、自分の特性が、幼少期・子ども時代から変わらなかったりすることに気がつきます。筆者自身の子ども時代を振り返っても、同じことが言えます。子ども時代の経験、そしてこれに対する自身の意見、態度が、いかにその後の人生にまで意味を持つのか、改めて思い知らされることが多いのです。ですから、アドラーが子ども時代の大切さを強調していたことは、しごく自然のように思われます。

やがて、アドラーは、このような「劣等感」や「共同体感覚」の育成に働きかけるためには、できるだけ子どものうちから関わるのが良いと考えるようになったのです[3]。そして、第一次世界大戦から帰還したのち、教育相談所としての「児童相談所」をウィーンに設立するに至ったのです。

第一次世界大戦後のウィーンで児童相談所を設立

アドラーが、第一次世界大戦後のウィーンに児童相談所を立ち上げたことは、彼が子どもの教育に重点を置いた臨床をしていたことを象徴する出来事です。第一次世界大戦後のウィーンでは、子どもにまつわる問題も増えていたようです。アドラーとその仲間は、子どもにまつわる問題を解決するべく、児童相談所を設立し、ここで、戦争孤児、問題行動を呈する子ども達、そのことで悩む教師や保護者などの面談、教育相談を行っていました。アドラーは自らが立ち上げた児童相談所について、次のように述べています。

「しかし、どのようにしてわれわれは、理想から現実へと到達するのだろうか。教育の理想を見て取るだけでは十分ではない。理想の現実化を進めるための方法を見出さなくてはならない。昔、ウィーンで、私はこのような方法を発展させることを試みた。その結果、児童相談所が作られることになった。この相談所の目的は、教育制度が心理学の知識を利用できるようにすることだった。心理学だけではなく、教師と親の生活について理解する有能な心理学者が、一定の日に教師と相談しにくる。その日、教師が集まり、それぞれの教師が問題のある子どもたちのケースを持ってくる[4]」

「……心理学と教育学を結びつけることから実現する可能性を示している。心理学と教育は同じ実在と問題の二つの局面である。心を導くことができるためには、その働きを知る必要がある。そして、心とその働きを知っている人は、心をより高くより普遍的な目標へと向けるために知識を用いないわけには行かない[5]」

ここから、アドラーが、子どもの教育、そして教師や保護者と協働することを重要と考えていたことが分かります。

アドラーが子どもの教育に関心を示したのは、彼が医師として活躍していた当初から、個人への治療だけでなく、社会医学や公衆衛生にも興味を持っていたことにも関連していると思われます。個人の治療だけではなくて、社会全体への働きかけを自らの使命と捉えて、個人療法の枠組みを超えた子どもの教育というより広い視野で、社会に貢献することを目指していたのです[6]。

アドラーは、単に一人一人の子どもに関わるだけにとどまらず、講演、公開講座、公開カウンセリング、症例検討会などで、自分と同業の専門職に加え、教師や親たちなど一般の人々にも積極的に自分の考えを伝えていました。専門家は、専門性を保持するために、自らの考えを他職種と共有したがらない側面もありますが、アドラーが他職種や一般の方々に自らの心理学を広め、共有しようとしたことは、社会全体へ働きかけるというアドラーの臨床観が根底にあったからだと思われます。

子どもの成長にとって大切なこと――共同体感覚の育成

アドラーの時代、二〇世紀の初め、心理学の世界では、子どもの成長に影響する要因は何か、「性質か養育か(nature or nurture)という論議があったそうです。遺伝として持って生まれた性質なのか、養育環境なのかということです。ドラーはこれに対して、第三の要素として、「意見(opinion)」を挙げ、ローマ時代の哲学者セネカの言葉である「すべての物事は、それに対して人々が持つ意見による」という言葉を引用した(7)そうです。

アドラーは、持って生まれた特性や育った環境の影響を否定しているのではありません。元々持って生まれた特性も、育った環境も、もちろん子どもの成長には影響します。しかし、その一方で、同じ遺伝子を持つ双子でも、同じ環境で育った子どもでも、全く同じ人間にはならないことは想像できるかと思います。子ども達は、同じ出来事を同じように解釈するとは限りません。これは、子どもがその子なりに、起こった出来事に対して、異なった意見を持つからです。そして、意見によって、その後の態度や行動が異なるからです。つまり、子どもが生きていく中で経験することがらに対して、どんな意見を持つのか、どんな意味づけをするのか、ということが大切だということです。

アドラー心理学では、精神的に健全な人とは、利己的ではなく、他者を思いやる「共同体感覚」を適切に発揮できる人間です。「劣等感」を持っていても、その状況を自分自身の力で改善しようと努力し、行動できる勇気を持った人間です。子どもは生活する中で、様々な経験をします。自分にとって良いことも悪いことも、自信を持てることも、自信を失うようなことも経験します。社会を信じられなくなるような経験もするでしょう。それでも、このような様々な経験の中から、自分の課題を自分で解決、乗り越えようとする勇気を持ち、自分が生活している社会に所属しているという感覚を持ちながら、自分のことだけではなく、他者のことも考えられる人間に育って欲しいと考えているのです。

アドラーは、「共同体感覚は、いわば子どもの正常性のバロメータである。個人心理学が教育技術を発達させせてきたのは、この共同体感覚をめぐってのことである」、「子どもの共同体感覚を評価する方法は、学校に入学するときに子どもを観察することである。学校に入るとすぐに、最初のもっとも困難な試験の一つを受けることになる。学校は、子どもにとって新しい状況だからである。それゆえ、学校は子どもが新しい状況に立ち向かうためにどれほど適切に準備できているのか、とりわけ、どれほど適切に新しい人と出会うための準備ができているかを明らかにするだろう[8]」と述べています。

つまり、小学校入学時に、子どもがどのような態度を示すかに、その子どもの共同体感覚がどの程度育っているのかを見ることができるというわけです。筆者の経験を振り返ると、一年生として入学してきた子どもだけでなく、二年生以上の子ども達にとっても、四月になっての新しい環境は、子どもにとっては、大きな試練だということがわかります。新しい環境（クラスなど）で張り切る子どももいれば、不安そうにしている子ども、泣き出して教室に入るまでに時間のかかる子ども、教室の中で過剰に適応している子ども、適応できずに落ち着かない子ども……などなど実に様々です。

ここで、前述のアドラーの引用を説明できるような筆者の経験をお伝えしましょう。

筆者の早期回想（子どもの時代の鮮明な記憶。詳しくは、付録をご参照ください）に、初めて幼稚園に祖母と一緒に行った時の記憶があります。筆者＝Aちゃんは単独子で、他の子どもと一緒に遊ぶよりも、一人で家の中で遊ぶのを好む子どもでした。そのせいなのか、小学校以前の幼稚園の段階で試練がやってきました。なぜだか理由は全く覚えていないのですが、入園前に、祖母と幼稚園を見学することになったのです。幼稚園の先生が、お部屋の扉を開けると、大きな机にたくさんの園児が座っていて、何かをしていました。Aちゃんは、こんなにたくさんの子どもを見るのは初めてだったので、ちょっと驚くと同時に、不安を感じていました。そして、Aちゃんは、思いました。「私は、こんなに多くの子どもの中で、やっていけるのだろうか」と。Aちゃんには、まだ、共同体感覚が十分に育まれていなかったのでしょう。読まれている方の中には、幼稚園に入ってからのAちゃんはちょっと心配……と思われる方もいらっしゃるでしょう。案の定、Aちゃんは、幼稚園に通うようになってから、頻繁にトイレに行きたくなる、というちょっとした不適応行動を示しました。それでも、同じクラスになった優しい女の子に「私が一緒にトイレに行ってあげる、いつでも言ってね」と言ってもらい、助けてもらえたという経験を通じて、徐々に適応して行きました。「幼稚園は不安……」という考えから、「幼稚園でも何とかやっていける」、「自分が困った時に助けてくれる人がいる」という意見、態度に徐々に変化をしていったのだろうと思います。今、思うと、先生たちはさりげなくAちゃんを気にかけてくれたようです。その後も、引っ込み思案のAちゃんは、お友達にはたくさん助けてもらった記憶があります。Aちゃんは、幼稚園の二年間を何とか乗り切ることができました。最後まで、お昼寝時間に眠ることは、ほとんどできませんでしたが。

筆者は、共同体感覚が豊かな優しい友達や、幼稚園の先生たちのおかげで、筆者なりに共同体感覚をゆっくりと育み、そのうち発揮できるようになって行ったように思います。もし、周囲の人たちがこのように接してくれなかったら、筆者の共同体感覚は育たなかったかもしれません。どんな子どもにも起こりうることなのですが、「共同体感覚」がうまく育たない場合があるのです。

アドラーは、「問題行動のある子どもが、学校でそもそも進歩することができるかどうかは、個人心理学にとっていつも決着を見ない問題であった。われわれは、子どもが学校で失敗を始めるとそのことが危険な兆候であることを証明してきたが、学習上の失敗より、むしろ心理的な失敗こそが重要である。子どもが自信を失い始めたことを意味しているからである。勇気をなくし始めたのである。そうなると子どもは、有用な道と当たり前の仕事を避け始め、別のはけ口、自由と安易な成功への道を探求するようになる。勇気をくじかれた人にとってつねに魅力的な道、すなわちもっとも手っ取り早く心理的に成功する道を選ぶのである。確立された社会の道に従うよりは、社会的、道徳的責任を放棄し法を破ることで、自分を他の人と一線を画したものとし、征服者であるという感覚を得ることができる方が容易である。しかし、優越性を追求するこの安易な道は、表面的な行為がどれほど大胆であり勇気があるように見えても、背後にはつねに臆病さと弱さが潜んでいることを示している。このような人は、成功することが確実であり、優越性を見せびらかすことができることだけを行おうとするのである」(9)と述べています。

アドラーの言葉は、二〇世紀前半のものです。二一世紀の現在、教育現場の環境は大きく異なりましたが、子ども、人の基本は変わらないと改めて思わされます。なぜなら、アドラーの引用を読んで、筆者の頭の中には、思い当たる児童が何人も浮かんでくるからです。「問題がある」とレッテルを貼られている子どもたちは、その行動からは、とてもそうは見えないかもしれませんが、失敗から自信を失い、勇気をくじかれ、自分の課題をうまく解決する方向に進むことができず、安易な方法で、成功しようとしているのです。安易な方法とは、例えば、授業中に、騒いで注目を集める、あるいは、やる気がないことをわかりやすく表現して注目を引くということなどです。子どもはみんな、多かれ少なかれ、先生や友達や親の注目を引きたいのです。自分の存在に気づいてもらえないことほど、不安なことはありません。みんな安心していたいのです。

アドラーは、自信を失いやすく、勇気をくじかれやすい子ども、言い換えると、自分の持つ「劣等感」を乗り越える方向にうまく補償しにくい子どもについて、次のように述べています。

「例えば、補償的な性格特性の発達（筆者注　前後の文脈から、ここでは、劣等感を乗り越える意味での〝補償的〟ではなく、心理的になんとかその場をやり過ごそうとする〝補償的〟なこと、付録で説明をしたセーフガードに近いことを示しているようです）を非常にはっきりと示す子どもには三種類ある。まず、脆弱な、あるいは劣等器官を持って生まれてくる子ども、次に、厳しく育てられ愛されなかった子ども、第三に甘やかされて育った子どもである[10]」

この引用には、勇気をくじかれやすく、自信を持ちにくい子どもの三つのタイプが記されています。これらの特徴を持った子どもたちが、必ずしもみんな、問題行動を示すわけではありません。ただ、アドラーは、これらのタイプの子どもたちは、勇気をくじかれやすく、自信を持ちにくく、共同体感覚を育みにくい、発揮しにくい傾向が強いから、配慮が必要であること、そのことを念頭に入れて関わるように、と伝えているのだと思います。また、筆者が思うに、ここでも子どもの意見が大切で、親がどう育てているのかよりも、子どもがどう育てられていると感じているのか、考えているのかにもよるでしょう。これは、現在の教育現場にもつながることだと、筆者は感じております。実際、筆者の経験から、保護者からの相談、教員からの相談のある案件には、アドラーがあげたものに通ずるような子どもたちがいるなと感じますし、相談室にそれとなく顔を出してくれる子どもたちにも同じようなことを感じております。

全般的に、子どもたちは、大人たちに比べると社会的な経験がまだ少ないので、社会的な刺激に、特に失敗することに弱い面があります。失敗という経験から、勇気をくじかれやすく、自信を失いやすいのです。「共同体感覚」が育まれている途中なので、自分の力で自分の課題を解決する能力がまだ十分に育っていないこともありますし、他者を思いやるような「共同体感覚」を十分に発揮できない事もあるでしょう。また、子どもは自分の力で解決できる事柄に限界があります。今の自分ではどうにもできない環境から脱する術を知らず、周囲の大人たち、社会や自分に対して、悲観的、攻撃的な考えを強めている子どもたちもいます。このような子どもたちにとっては、「共同体感覚」の育成や発揮よりも、その日をなんとか生き抜くことの方が、自分自身の安全の方がよっぽど優先課題です。ですから、子どもに関わる周囲の大人は、子どもに対して、ここで紹介したような視点を持って、子どもの中に、勇気や「共同体感覚」を育めるような関わり、支援をすることが大切だと筆者は感じております。

子どもに関わる大人として大切なこと――「勇気づけ」の態度

アドラー心理学の子どもの教育において、最終的な目標は子どもの中に、「共同体感覚」を育み、発揮できるようになることです。繰り返しになりますが、そのためには、子どもに勇気を持ってもらうことが大切です。従って、アドラー心理学では、子どもに対して「勇気づけ」の態度を持つこと、「勇気づけ」の関わりをすることを何よりも大切にしています（勇気づけに関しては、本書付録もご覧ください）。

筆者の考えですが、「勇気」とは、自分の問題を自分自身で解決しようとするために何らかの行動が取れる力、だと思っています。ですから、子どもが傷つかないように、必要以上に大人が問題を回避したり、問題を解決したりすることは、勇気づけではありません。子どもは、自分の力で問題を解決できる、と思えることが大切です。問題を解決しようとして、失敗することもあるかもしれません。失敗した時こそ、今後も挑戦できるような勇気を持てるように、勇気づけすることが必要です。失敗した悔しい気持ちに寄り添うことも勇気づけですし、失敗の意味や、何がいけなかったのか、今度はどうしたら良いのか、一緒に考えたり、考えられるように促したりすることも勇気づけです。

筆者は、勇気づけを習ったばかりの頃、勇気づけしなくては！と気負いすぎて、無理に勇気づけしようとしていた、と感じています。つまりは、〈ほらこういう言葉を聞けば、元気になるでしょう〉とか〈勇気が持てるでしょう〉などという気持ちで、勇気づけを無理矢理押し付けていたと反省しています。自分の関わりが勇気づけになるのかどうかは、こちらには決めることができません。どう受け取るのか、どう感じるか、勇気づけられたと感じるかは相手次第なのです。この点で、勇気づけは、相互的なもので、コミュニケーションの一種なのだと考えられます。ですから、勇気づける側と相手との関係性も影響していると思います。こちらが勇気づけをしているつもりでも、相手がそんな気持ちになれない、というのであれば、相手のその気持ちを尊重することも大切です。

勇気づけは、言葉かけより、まずは態度が大切である、とも言われています。あなたを仲間だと思っていますよ、あなたを尊重しますよ、あなたを見守っていますよ、などという態度で寄り添うことが大切です。このような態度があれば、時には、言葉かけなどいらず、ただ近くにいることだけでも、充分勇気づけになるのかもしれません。

もし子どもが、何かに失敗して、傷ついてしまったら、悔しい気持ち、悲しい気持ち、がっかりした気持ち、腹立たしい気持ちなど、子どもの気持ちに理解を示し、寄り添うことが勇気づけになります。そして、今回は失敗してしまったけれど、問題を解決しようと挑戦したこと、本人が努力したことを、私はとても大切なことだと思っていると伝えることも勇気づけです。そう伝えても、子どもが失敗した事実をすぐには受け止められなかったり、大人が言ったことに納得しなかったりすることもあるでしょう。その場合には、それくらい悔しかった、嫌だったという気持ちに、まずは寄り添ってみればよいのではないかと筆者は思っています。子どもに、「そうか、そうか、それだけ、すごーく悔しかったんだね」とか、「どうしても、○○したかったんだね」とか、「そこまで言うのだから、よっぽど○○だったんだね」などと伝えていくと、不思議と少しずつ落ち着いてくるのが分かります。それから先の勇気づけは、子どもが落ち着いてから伝えていけばよいのではないか、と思います。子どもによっては、嫌な状態になると、パニック状態で泣き騒いでしまい、落ち着くまでに時間がかかることもあるかもしれません。そんな時には、ただただ側にいることもあります。勇気づけでは、相手のペースを尊重することも大切です。相手がどんな状態でも、見守っていますよ、というこちらの気持ちが伝わると勇気づけになるのだと、筆者は感じています。

社会を学ぶ関わり方――自然の結末、論理的結末

アドラー心理学では、「自然の結末」、「論理的結末」という考え方があります。アドラー心理学は、子どもが経験を通じて学ぶことを大切にしています。大人は、自分が子どもに働きかけたことが、ど

のような意味を持つのかを考えて、子どもに接することが大切です。ですから、大人が子どものことに介入し過ぎてしまったり、先回りしてやり過ぎてしまったりすることは、子どもが経験から学ぶ機会を取り上げてしまうことになるので、よく考えて行うことが大切です。

自然の結末、論理的結末について、ディンクマイヤーらは、次のように説明しています。

ある物事の結末は、社会的な秩序の現実を表す（論理的結末）か、あるいは、外部からの介入がない出来事は、自然な成り行きを表します（自然の結末）。

自然の結末とはどのようなものでしょうか？　例えば、次のようなものです。

●夜遅くまで起きている→翌朝、疲れたと感じる
●傘がないのに、嵐に遭ってしまう→濡れる
●食べるのを忘れている→お腹が空く

これらの例は、世の中の自然の理を示しています。誰も、疲れさせたり、濡れさせたり、お腹を空かせたりしていません。ただ、自然の摂理と言えましょう。

論理的結末とはどのようなものでしょう？　例えば、次のようなものです。

●食べ物をこぼした人は、片付けなくてはいけない
●休み時間に喧嘩をしたら、休み時間がなくなる
●決まった期限までに、レポートを提出しなかったら、０点になる

これらの例は、行為と規律の間の論理的な関係性を示しています。誰も、食べ物をこぼさせたり、喧嘩をさせたり、レポート提出を忘れさせたりしていません。行動と結果の間の関係性は論理的なものです[11]。

ちょっと難しいかもしれませんが、自然の結末には、社会的な規律、決まり、ルールが関与していません。一方、論理的結末には、社会的な規律、決まり、ルールが関与しており、その枠組みの中で、ある行為の結果として生じるのが当然の結果・結末です。規律、決まり、ルールが異なれば、もちろん結末も変わってくるでしょう。学校は、子どもが家庭の次に体験する社会です。社会には、そこで生活する人々の規律、決まりがあります。ある社会で生活したいのなら、よほど規律や決まりが理不尽ではない限りは、その社会での規律、決まりを守る必要があります。ですから、自分のとった行動が、自分の生活している社会の規律、決まりの中で、どのような結果を生じるのか、経験しながら、学んでいく必要があるのです。このような体験をしながら、この社会で生活する上での「共同体感覚」を身につけていくのだと思われます。

さらに、ディンクマイヤーは、論理的結末は、罰とは異なると説明しています。そして、大人（教師）と子どもが良い関係を築くためには、罰ではなく、論理的結末に基づいた規律の中で関わることが大切であると述べています。このような関係性では、事前に、論理的結末について、両者が共通理解して、承知していることが必要です[12]。

例えば、宿題を忘れた場合を考えてみましょう。先生や、学校によって多少の規律、決まりは異なると思うのですが、宿題を忘れた場合は、宿題を提出した場合より、評価が下がるか、学校にいる間に時間を見つけてやることになるなどが、論理的結末ではないでしょうか。宿題を忘れた人は、やってきた人よりも宿題が増える、みんなが嫌がる仕事をさせられるなどは、罰になるかと思います。

論理的結末は、子どもが社会の規律、決まり、ルールを学ぶ良い機会です。一方、罰は、子どもの勇気をくじくことになりかねません。勇気をくじかれた結果、大人や社会に対して、反抗することにもつながるでしょう。どこまでが論理的結末で、どこからが罰なのか、判断が難しい場面もあるかもしれません。大人だって、教師だって、判断に迷ったり、誤ったりするときがあると思います。そのような時には、周囲の人に意見を聞いてみるとか、子どもとよく話し合ってみるとか、そういうことが必要なのだと思います。

また、周囲の大人は、論理的結末を子どもより良くわかっているので、ついつい、口を出したくなってしまうことがあると思います。「宿題をやらないと、大変よ」とか、「そんなことしたら、〇〇になっちゃうから、やめなさい」とか、言いたくなります。筆者も、当然、言うことがあります。そのような時には、「今、そのようなことをすると、あとで、〇〇になる可能性もあると思うけど……大丈夫？　どうする？」と問いかけるようにします。本当は、やめた方が良いよと言いたいのですが、それを我慢して、問いかけるようにしています。それは、子どもに、行動する前に、行動の結末を考えて欲しいからです（もちろん、人に迷惑がかかることや、危ない事態やまずい事態になりかねないことは、止めます）。問いかけても、子どもがやろうとしている行動を止めなかったら、論理的結末を体験して、そこから何かを学んでくれれば良いなと思っています。筆者は、小学校のスクールカウンセリング現場でこのようなことがある場合、担任の先生が関わることであれば、事前にＳＣとどんなやりとりがあったのか、どんな意図でＳＣがそれを止めなかったのか、をできる限りお伝えするようにしています。

例えば、教室で過ごすことが苦手な児童が、明日の遠足を楽しみにしています。明日の遠足について、説明のある時間に相談室に来たいと言いました。〈相談室で過ごしたい気持ちは分かったけれど、その時間は遠足の説明があるんだって。その時間に教室に行かないと、明日困ることがあるかもしれないけれど、どうしたい？〉などとたずねます。考えた後で、「じゃあ、教室に行ってくる」と選択する子どももいれば、「後で友達に聞くからいい、どうしても教室に行きたくない」と選択する子どももいるでしょう。ＳＣがどのような問いかけをした上で、子どもがどのような選択をしたのか、を担任の先生などに伝えるようにしています。

アドラー心理学によるプログラム

アドラーは、教師だけではなく、子どもを持つ親を含め、広く一般的に自らの子どもの教育に関する考えを広めようとしていました。アドラー以降もこの精神が受け継がれ、本章でも引用している、ドライカース（Dreikurs, R.）やディンクマイヤー（Dinkmeyer, D, Sr. Dinkmeyer, D., Jr.）などが中心になり、現在でもアドラー心理学を学んだ者が、子どもの教育の分野でアドラー心理学の考えを伝える活動をしています。

アメリカでは、STEP（Systematic Training for Effective Parenting）という、親に向けた子育てのハンドブックが出版されています。STEP に基づいたグループ活動があるそうで、そこでは、子育てのアイディアについて話し合ったり、経験を共有したりできるそうです。教師向けには、STET（Systematic Training for Effective Teaching）という本が出版されています。

日本でも、STEP を参考にして、Passage や SMILE などの子育てプログラムが開発されています。また、学校の教員が教室で活かせる「クラス会議」という手法もあります。「クラス会議」については本書コラムで紹介していますのでご参照ください。

まとめ

アドラー心理学は、子ども時代に、人のライフスタイルの原型が作られると考えています。ですから、子ども時代に健全なライフスタイルを形成することがとても大切です。健全なライフスタイルとは、「共同体感覚」を育み、発揮できるライフスタイルです。そのために、子どもは、自分の「劣等感」を補償（克服）するための勇気を持つことが大切です（第4章図1をご参照ください）。

子どもが勇気を持ち続けられるためには、子どもに関わる大人が、勇気づけることが必要な時には勇気づけること、子どもの勇気をくじかないことが大切です。子どもに関わる大人には、是非、勇気づけの態度と関わりを実践していただきたいと思っています。筆者も、どうしたら、目の前にいる子どもや保護者や先生たちに勇気づけができるだろうか、と試行錯誤を繰り返しながら、実践しています。

【文献】

（1）アルフレッド・アドラー、岸見一郎訳、『子どもの教育』、アルテ、二〇一四年、八頁
（2）ルドルフ・ドライカース、野田俊作監訳、『アドラー心理学の基礎』、一光社、一九九六年、七九頁
（3）エドワード・ホフマン、岸見一郎訳、『アドラーの生涯』、金子書房、二〇〇五年、一三四～一四〇頁
（4）（1）、一四五頁
（5）（1）、一四七頁
（6）アンリ・エレンベルガー、木村敏、中井久夫監訳、『無意識の発見（下）』、弘文堂、一九八〇年、

一三〇～一三五頁

（7）Oberst, U. E. & Stewart, A. E. *Adlerian Psychotherapy: An Advanced Approach to Individual Psychology,* Routledge, 2003, p.19

（8）（1）、一二～一三頁

（9）（1）、一四頁

（10）（1）、一一頁

（11）Don Dinkmeyer Jr., Jon Carlson, & Rebecca E. Michel, *CONSULTATION, Creating School-Based Interventions, 4th edition,* Taylor & Francis, 2016, p.54

（12）（11）、p.54

第2章　ＳＣとしての役割・あり方に活かすアドラー心理学

スクールカウンセリング活動の主なプロセスについては、本書はじめにで説明しました。その最初のプロセスが、信頼関係を作ることです。信頼関係を作ると一言で言っても、相手は多種多様です。小学校の管理職をはじめとする教職員の方々、児童、保護者、自分以外のＳＣ、関係機関の方々など、ＳＣが関わる相手はたくさんいますし、年齢も立場も異なります。こんなにたくさんの人々とどのように信頼関係を作って行ったら良いのだろうか……と、ＳＣとして初めて小学校に配属された筆者は、そんな思いでいっぱいでしたし、信頼関係を築けるのか不安でした。不安はたくさんありましたが、ＳＣ研修会で習ったことやアドラー心理学で学んだことなどを活かしながら、現在、筆者なりに信頼関係が築けていると感じています。信頼関係を築くためには、大前提として、ＳＣの役割、特徴、あり方を理解しておく必要があります。ですから、この章では、まずＳＣの役割、特徴やあり方について筆者なりに説明します。そして、小学校での信頼関係作りに活かせるアドラー心理学の要素についてお伝えします。

スクールカウンセラーの仕事と役割

繰り返しになりますが、信頼関係を築く大前提として、SCとしての自分が、どのような役割を持って小学校で働くのかを自覚することが大切です。役割、つまり何をするべき（何をするべきではない）か、を自覚しなければ、学校という一つの組織の中でやっていくことはできません。では、小学校におけるSCの役割とは、一体、どのようなものなのでしょうか?

硬い話になるかもしれませんが、行政的な話をします。SC業務の管轄は、文部科学省で、文部科学省の方針に基づいて、各都道府県で、スクールカウンセラー活動のガイドラインが作成され、さらに、それに基づいて各区市町村、各学校でスクールカウンセラー活用のガイドラインが作成されていると思われます。ですから、詳細や表現などに多少の違いがあるとしても、基本とする大枠は同じだと思われます。ちなみに筆者が活動をしている東京都では､平成十三（二〇〇一）年四月一日から「東京都スクールカウンセラー設置要綱」が施行されています。

この設置要綱に記載されたスクールカウンセラー設置の目的は、簡単にまとめると、「いじめや不登校などの未然防止、改善及び解決」と「学校内の教育相談体制の充実」の二点になります。いじめや不登校などの問題が、小学校でも多くなってきていることは、これらに関連した報道などにより、皆さんもご存知かもしれません。SCは当然、このような事態が生じたら、教職員と相談をした上で、出来るだけ迅速に必要な対応をします。また、このような事態が極力生じることがないよう、生じたとしても深刻化する前に対応できるように、日頃からの防止のために活動することも大切です。

教育相談体制の充実に関しては、学校における子どもについてより全般的な視野で行う活動です。いじめ、不登校だけに限らず、児童の日常的な学習、生活、家庭などについての事柄も扱います。文部科学省のホームページでは、「教育相談に関する校内体制の充実について」という説明があり、、学校が一体となり対応できる校内体制を整備すること、スクールカウンセラーや相談員などの配置により、カウンセリングなどの充実を図ること、教職員とスクールカウンセラーや相談員などとの連携を十分に図るようにすることなどが述べられています。（http://www.mext.go.jp/b_menu/shingi/chousa/shotou/066/gaiyou/attach/1369814.htm）

ＳＣは、自分が勤務する学校での教育相談体制の現状を理解しながら、よりよくするために教職員と協働することが何より大切です。前述の文部科学省が掲げる教育相談に関する校内体制の充実は、スクールカウンセラーなどの専門職が、学校の教員と協働することを求めています。ですから、教育相談充実のための具体的な活動に当然、ＳＣも協力することになります。相談だけではなく、情報の収集、情報共有、教員のための校内研修会なども大切な業務です。子どものためには、学校外の専門機関と連携を取ることもあります。活動する際には、ＳＣが勝手な判断で活動するのではなく、ＳＣがどの部分を担うのかを関連教員とあらかじめ相談して活動することが大切です。例えば、配属された地域の教育委員会、教育相談などにＳＣだけの判断で連絡を取ることは望ましくありません。筆者は、必ず、校内や保護者と相談の上で連絡を取ることにしています。

ＳＣの活動について、まださほどご存知でなかった方は、ＳＣは「カウンセラー」と名前がついているので、活動内容はカウンセリングだけだと思われていたかもしれません。ここまで、読まれて、カウンセリングは活動の一部であって全部ではないことがお分かりだと思います。実際、活動していると、児童へのカウンセリングもありますが、分量的にはそれよりも多いと思われる活動は、児童にどう対応していくのか、について保護者や教職員へする助言、つまり、コンサルテーションです。

ちなみに、東京都教育庁によって定められた、「スクールカウンセラー活用ガイドライン」には、東京都公立学校のスクールカウンセラーの職務としては、次のことが挙げられています。

（一）児童・生徒へのカウンセリング

（二）カウンセリング等に関する教職員、保護者に対する助言・援助

（三）児童・生徒のカウンセリング等に関する情報収集

（四）児童・生徒のカウンセリングなどに関して、配置校の校長や配置を所轄する教育員会が必要と認める事項

また、村瀬は、ＳＣの基本活動として次を挙げています。

（1）個人療法　（以下、略）

（2）コンサルテーション　学校に関わる他の専門家に対しての相談・助言です。（以下、略）

（3）心理教育　何かことが起きてから考えるよりも、むしろどうしたら精神的に活き活きと持てる力を発揮して、学校生活を過ごしていけるかという生徒達に対する心理教育。あるいは精神保健について先生や保護者、地域社会の方々が、「あの人は色々ご経験や勉強をされているから、話を聞いてみたい」という気持ちを自然と起こすような心理教育。（以下、略）

（4）危機介入　災害、事故が起きた後に、不安を和らげ、またバランスを取り戻すことができるように支援すること。

（5）システムを作る　前記（1）から（4）が自然に必要に応じて円滑に運ぶように、学校にシステムという人間関係を作っていくことがＳＣの基本活動だと思います。つまり、伝統的な心理療

法の技法を充分に身に付けて、学校という状況の中で自然に応用することが要諦であり、必要であると思います。[1]

このように見ると、ＳＣの活動内容は、幅が広くて、大変そうに感じるかもしれません。筆者は、すべてができている訳ではありませんし、すべてを経験している訳でもありませんが、東京都のＳＣ活用ガイドラインの内容だけではなく、村瀬の挙げた基本活動が、求められている業務であることは理解しています。それでは、これらについて、筆者なりに簡単に述べてまいります。

まず、個人療法ですが、これは、相談室を訪れる一人一人の児童に対するものです。「相談したいことがあります」と来室する児童もいれば、はっきりとした相談事はなくても、相談室に寄ってから帰る、という児童もいます。少し話がそれますが、相談室をどのように利用するのかは、学校によっても異なります。相談室の約束事を学校側と話し合って決めておくことも大切です。学校によって、相談室は相談する場所と決めているところもあるので、帰りにふらっと寄ることができない相談室もあるかもしれません。筆者は、ふらっと寄る児童、遊びに寄る児童と関わることも、心理療法の一部だと考えています。ＳＣが関わることで、子どもに勇気づけができたり、「共同体感覚」を刺激できたりするのであれば、アドラー心理学的には立派な療法だと筆者は思います。

そして、ＳＣには、カウンセリング能力（個人療法の能力）だけではなくて、教職員や保護者などへのコンサルテーション能力も求められています。筆者は、残念ながら、まだ小学校以外の校種で勤務したことはないのですが、おそらく、小学校では、特に保護者からの子育てに関する相談が多かったり、教職員からの家庭や発達支援関連の相談も多かったりすると思います。ですから、コンサルテーションや協働は欠かせない活動で、この能力を求められていると感じています。

心理教育（これが、未然防止に当たります）も基本活動に挙げられています。筆者は、残念ながら、授業という枠組みで、児童を対象に心理教育する機会をもらったことが、まだありませんが、ほかのSCの中にはこのような活動をされている方もいらっしゃると思います。題材は、例えば、SOSの出し方、いじめ、感情のコントロールやストレス対処法に関してなどが挙げられます。教職員の方々が授業をされることも多く、その際に、内容についてアドバイスを求められる、ということもあります。筆者は、数回、教職員、保護者を含めた地域の方々に、お話をさせてもらったことがあります。とても緊張しましたが、この際には、担当の教員の方と内容に関して相談した上でお話をさせてもらいました。このような依頼があるかどうか、は学校によって異なると思われます。

危機介入は、災害や事故などの後の対応です。例えば、先の東日本大震災の後は、被害が大きかった地域に心理専門職が派遣されていました。学校が再開された後、学校にも心理専門職が派遣され、安心した学校生活が送れるようなお手伝いをしています。学校内外で、児童が関わる事故などが起こった場合、児童が大変動揺することがあります。そのような場合も、児童に面談をしたり、教職員や保護者がどのように児童と関わることが望ましいかなどを伝えたりします。もちろん、SC一人で行うのではなく、教職員との相談の上、チーム体制で臨みます。所属する地域や、心理職団体から応援の心理職が派遣されることもあります。幸い、筆者はまだこのような事態に遭遇したことはありません。遭遇しないに越したことはないのですが、緊急介入はいつ発生するかわからない事態に対しての対応であるため、筆者はSC向けに作成された危機対応マニュアルを常に参照できるようにしています。

最後に、システム作りですが、これがSCの働きかけで自然にできたら、かなり一流のSCだと思います。現在は、先ほど、文部科学省の方針をお伝えしましたので、学校側もかなり教育相談体制を整えていますから、システムをゼロから作るという経験はしていません。筆者は、システムが実際に有益に動くように、良い意味で教職員の方々を巻き込めるように、またSCを巻き込んでもらえるように働きかけることを心がけています。

SC活動の特徴

SCは、心理職の一種です。カウンセラーは学校だけではなくて、教育分野であれば、市区町村の教育相談、発達相談、就学相談にもいます。子どもが診察を受ける医療機関にもカウンセラーがいるところも多いです。では、一体、学校にいるSCはどんな点が、ほかの心理職と異なっているのでしょうか。

筆者が考える、SCの特徴は次の二点です。

●子どもを学校という日常生活の中で見ることができる。
●学校内外で連携ができ、子どもを必要な人・機関に「つなぐ」働きかけができる。

この二点は、SC以外ではなかなかできないことだと、筆者は思っています。ですから、筆者はこの特徴を充分に理解した上で、SCに求められることをしていきたいと考えています。

実際に、保護者や教職員から、「子どもの様子を見て欲しい」と言われます。特に、相談に来た保護者の方のほとんどは、学校での様子が知りたいとおっしゃいます。保護者も学校公開や運動会などの行事では子どもの様子を見ることができますが、それらは、日常とは少し異なったイベントの日ですから、子ども本来の姿とは少し異なるかもしれません。教職員からも、クラスでの様子を見て欲しい、○○の時間を見て欲しいと行動観察依頼があります。学校での様子をライブで見られることは、とても貴重だと思います。筆者は、学校以外の機関で発達支援関連の相談を受けることがあるのですが、保護者や本人の話からだけでは、よくわからないことがあります。そんな時は、〈学校での様子が見たい!〉と思ってしまいます。また、保護者にとっては、子どもの様子を学校で専門職の視点で見守ってもらっている、ことが安心につながるのだとも感じています。子どもの学校での日常生活を見られれば、後で述べるアセスメントにとても有益であること以外に、子どもを勇気づける機会にもなりますし、子どもの問題点だけではなく、子どもが頑張っていることも保護者に伝えられれば、保護者を勇気づけることにもつながります。教職員に対しては、改善した方が良いと思われる点だけではなく、上手くいっている働きかけ、対応を伝えることもできます。子どもがどれほど担任の先生を意識しているのかも伝えることができます。

「つなぐ」については、様々な視点があります。教職員の方々は、「児童や保護者をSCにつなぐ」という表現をされます。つまり、困っている児童や保護者をSCとの面談につなげるということです。しかし、SCに繋がったらおしまいではありません。SCは、SCを足がかりに、本来つながるべき共同体に、児童や保護者をつなぐことを心がけなくてはいけない、と筆者は思うのです。例えば、保護者は、子どもを心配して相談に来ますが、保護者自身と子どもがもっと繋がりたいと思っていたり、保護者の思いを先生にうまく伝えて欲しい、保護者自身や子どもが学校ともっとうまくつながりたいと思っていたりします。保護者や教職員は、登校を渋る子どもが、SC面談に来られたなら、これをきっかけに、教室に戻れればいいな、と願うのです。ですから、筆者は、SCとして、何の目的で、誰と、どこへ、どうつなぐのかを、考えて活動します。「つなぐ」ことで、子どもの共同体感覚を刺激できればと思いながら、活動をしています。

SCは自らの活動を知ってもらうために、お便りなどを発行して、または教職員の方々にこんなことができますよ、という働きかけをするなどして、SCの存在や、活動を知ってもらうように心がけております。しかし、まだまだSCの存在を知らない方、どんなことをしている人なのか知らない方は多いのではないか、と思います。これは、私たち心理職自体がもっと努力をしなくてはいけない面だと思っております。もし、本章で、SCの役割や、SCの特徴を少しでも分かっていただけたなら、是非、このSCの利点を使っていただければ幸いに思います。

学校でのSCのあり方と「課題の分離」

筆者は複数のSC研修会に参加してまいりましたが、その中でとても印象に残っていることは、「スクールカウンセラーは黒子であることを心がなさい」という意味の言葉でした。実際に、SCとして仕事を始めて、このことは正しいと身にしみています。学校での主人公は、児童や教職員であって、SCは彼らが学校生活を充実させるお手伝いをする黒子であるべきなのです。

アドラー心理学では、「課題の分離」という考え方があります。この考え方は、「SCは黒子」ということや、SCが学校でどのように振る舞うべきかを考える際に、とても役に立ちます。「課題の分離」の考え方は、アドラー心理学のオリジナルの考え方ではないそうですが、現代のアドラー心理学において、大切な要素の一つです[2]。簡単に説明すると、「課題の分離」とは、今、目の前で起こっている問題は、誰が主体的に解決するべき課題なのか、「自分の課題」なのか、それとも「相手（他者）の課題」なのかを考えること、つまり「自分の課題」と、「相手（他者）の課題」とに分けて考えることです。対人関係上、複数人が関わる場面で、こじれて、うまく解決しない問題は、この「課題の分離」がうまくできていないことで生じている可能性があります。

さて、この「課題の分離」の考え方を、SCの仕事に当てはめて考えてみると、冷淡に聞こえるかもしれませんが、そもそも、学校で生じている問題は、SC自身の課題ではありません。児童、教員、保護者が主体的に解決するべき課題がほとんどなのです。このような表現をすると驚かれる方もいらっしゃるでしょうが、SCは学校での問題解決を、直接的に解決するべきではない、と筆者は考えています。児童、教職員、保護者などは、困り事や問題などがあり、SCに相談します。SCがすることは、まず、相談に来た人に、問題になっていることが誰の課題なのか、を理解してもらうこと、そして、問題・課題の持ち主が主体的に自らの問題を解決できるように、手助けする、勇気づけすることです。SCに限ったことではありませんが、カウンセラーは、相談に来た人に、「大丈夫です、あなたの問題を私が解決しましょう」とは言いません。あくまでも、課題の持ち主が主体的に問題を解決できるようにお手伝いをする黒子に徹することが大切なのです。つまり、相談を受けたSC自身の課題は、元々SCの課題ではないこの問題を解決するために、SCに協力できることは何か、を考えることなのです。

ここで、実際にSCへの相談の典型例を挙げて、「課題の分離」を説明します。例えば、ある母親が、「子どもが、仲の良い友達ができなくて学校が楽しくないと言っているので、心配です」と相談に来たとします。この訴えを「課題の分離」の視点で考えてみましょう。何が、誰の課題なのでしょうか？「仲の良い友達ができなくて学校が楽しくない」のは、子どもの課題です。「そんなわが子が心配」なのは、母親の課題です。そして、この母親に助言をすることが、ＳＣの課題です。単純に課題を分離するとこのようになります。しかし、単純ではないのが、現実での生活です。母親は、子どものことを自分のことのように心配しますし、心配している母親の態度を見て、自分がなんとかしてあげたくなってしまうのがＳＣの心情でしょう。それでも、課題の持ち主、この場合には子どもが、主体的に問題を解決しなければいけないのです。ただ、主体的に問題を解決することは、課題の持ち主が一人で問題を解決することではありません。他者との協力や思いやりの力である「共同体感覚」の発揮を目指すのがアドラー心理学ですから、課題の持ち主が承知すれば、他の人が協力することは良いこととされています。それでも、他の人は協力するだけで、主体的に問題を解決するのは、本来の課題の持ち主であることに変わりません。

このような場合、母親は、自分自身の課題ではありませんが、子どもが課題を主体的に解決するため、協力することができます。子どもが小さい場合は難しいかもしれませんが、子どもが母親に協力を頼んだ場合、あるいは、母親が子どもに協力の提案を申し出て、子どもがそれを受け入れた場合、子どもと母親は、仲の良い友達がいなくて学校が楽しくない、という子どもの問題・課題の解決に一緒に取り組めるのです。そして、母親がＳＣに相談をしに来て、子どもの課題を一緒に考えてもらえないでしょうか、と提案した場合、ＳＣはこのような親子のために助言すること、学級担任の先生に協力をお願いすること、学校で生活する子どもを見守るなどという形で協力することができるのです。これを、「共同の課題」にすると表現します。繰り返しになりますが、「共同の課題」として一緒に取り組んだとしても、元々の課題の持ち主が主体的に問題・課題の解決をするという姿勢に変わりはありません。要するに、SCは「共同の課題」にして、課題の持ち主（この場合は、子ども）が主体的に課題に取り組むのを、黒子として助ける仕事なのだと言えましょう。また、母親の、自分の子どもをついつい心配してしまうという課題に対して、手助けすることもSCの仕事です。

筆者は、自分がケースを担当する際には、この「課題の分離」の考え方を念頭に置き、SCがでしゃばりすぎないこと、SCが一人で問題を抱えすぎないことを心がけているつもりです。学級での先生と子どもの問題は、担任の先生と子どもが解決できるように協力することを心がけています。子どもから、学級担任の先生に自分の言いたいことが言えないからSCから言って欲しい、と頼まれることがあります。そんな時、筆者は、担任の先生に言えないという気持ちに理解を示した上で、SCは自分で自分の気持ちを先生に伝えられることがとても大切だと思う、と伝えます。そして、先生に言えるようなお手伝いはするけれど、自分で言える努力をして欲しいと伝えています。戸惑う子どももいますし、一回では自分で言えない子どももいます。それでも、いずれは、自分で自分の気持ちや言いたいことを先生に伝えられるように支援をするのが、SCの役目だと思っています。例えば、担任の先生に自分の気持ちを言うことが苦手な子どもが、ある日、SCのところに来て、「今日は、先生に自分の気持ちを言えた！」と伝えに来てくれたとします。〈そうなんだ、それは、やったね！それで、先生は何て言ってくれたの?〉「よく言えたね、嬉しいよって言ってくれたの！」と笑顔で話してくれました。そういう笑顔を見るとSCも嬉しくなります。〈先生に自分で言えて良かったね〉「うん、もう大丈夫！」。それ以降、その子は、SCの助けがなくても、ほとんど自分で先生に伝えることができるようになりました。先生の、一言が勇気づけになったのだと感じます。SCが先生に伝えることはとても簡単です。でも、それでは、子どものためにならないのです。子どもは自分で自分の課題を解決できたときに、大きな自信を得ることができるのです。ＳＣはそのことをよく考えて、時に冷淡に思えても、「課題の分離」を念頭に臨むことが大切なのです。

時に、ＳＣとして配属されると、ＳＣらしい仕事をしなくては、と肩に力が入り過ぎて、張り切り過ぎてしまい、一人で行動し過ぎて、空回りしてしまうこともあるかもしれません。よく考えると、このようなＳＣは、ちょっと迷惑ではないでしょうか。筆者も、ついつい感情移入しすぎて、行動しそうになってしまうことがありますが、行動する前に、この課題を主体的に解決する人は誰なのか、ＳＣ自身が解決するべき課題、取り組むべき課題は何か、と考え、やり過ぎない事、空回りしない事を心がけています。

「不完全である勇気」を持つこと

ＳＣは全ての相談事に対して、残念ながら、対処できるとは限りません。ＳＣとして伝えたことが、相手に思うように理解してもらえなかったり、助言として伝えたことを実践してもらえなかったりすることも、当然あります。相手が、こちらの伝えたことをどのように理解するのか、そして、こちらからの助言を聞いた後でどのような行動をするのかは、ＳＣには決められないのです。そんな時は、前述した「課題の分離」の考え方で、相手がＳＣのいうことをどのように受け入れるのかは、相手の課題であって、ＳＣが決められる課題ではない、と考えることにしています。どんなに一所懸命伝えても、残念な結果になることもあります。ですから、筆者はＳＣとしてやれるだけのことをやった後に、望ましい結果が得られなくても、〈何で、〇〇さんは伝えたことをやってくれないのだろう〉などと思いがちではありますが、そのように考えることはやめにして、相手を責めず、でも諦めずに、同じことを繰り返し伝えることや、別の提案を考えることにしよう、と切り替えることにしています。

ＳＣが全ての相談事に対処できないことに関して、「課題の分離」から考えることもできますが、アドラー心理学には、「不完全である勇気」と言う考え方もあります。「相手の課題」ではなく、ＳＣ自身の課題に目を向けると、当然、どんなＳＣにも技量と能力の限界があります。「不完全である勇気」とは、今の自分をそのまま受け入れる勇気を持つ、と言うことです。「不完全である勇気」を持つ大切さは、スクールカウンセラーとしての在り方について述べている、村瀬の次の引用にも通ずることだと思います。

「2番目に大事なことは、自分に正直になることで、今の自分の器、目的、置かれた場所や時間の特質、自分の位置付けをクリアに自覚しておりますと、判断に迷うようなことがあっても現実的な基準が見えてくる。いつも正直に自分の器を把握していることが大きくぶれないための基本ではないかと思います[3]」

「不完全である勇気」は、今の自分の器を受け入れる勇気を持つこと、と言えるでしょう。今の自分の器を偽ることなく、過少にも過大にもならずに把握しておくこと、これはスクールカウンセラーに限らず、臨床現場で働く者にとって、大切なことである、と筆者は感じています。「不完全である勇気」は、今の自分を自覚し、受け入れることであって、「不完全だからできません」と言い訳をすることではありません。不完全で失敗するかもしれない自分だけれど、今の自分にできる精一杯のことをやろうと挑戦し、学ぼうとすることで、成長していくことにつながるのだと思います。梶野は、「不完全である勇気」と「完全になろうとする勇気」は表裏一体[4]と表現しています。

「課題の分離」と「不完全である勇気」とを考え合わせると、SCは、何をするべきで何をするべきでないのか、何ができて何ができないのか、を常に自覚し、そのことを相手（子ども、教員、保護者など）に伝えていくことが大切だと思われます。SCとしてできることとできないことの線引きをつけて、相手に示すことが大切です。SCが線引きを示さないことで、相手に無駄に期待を抱かせてしまうことにもなりかねません。線引きを示すことは、なんだか相手を突き放すようで心苦しく感じる面もあるのですが、できないことをできるように期待させてしまうのは、相手に対して失礼です。筆者は、「課題の分離」をして、「不完全である勇気」を持って、自分にできることを伝えていきたいと思います。

スクールカウンセラーのライフスタイル

アドラー心理学では、すべての人にライフスタイルがあると考えています（詳しくは本書付録をご覧ください）。ライフスタイルとは、人が、人生を生きるための運動の法則、指針、ガイドラインであり、人の思考・感情・行動のパターンの総称とも言えます。オバーストとスチュワートによると、ライフスタイルは、他の心理学で表現されるところの特性（character）、性格（personality）、あるいは自分（I）という言葉の類義語と考えられており、パーソナリティの全体や、意識的、無意識的な虚構（フィクション）と目標の一式[5]と説明されています。

もちろん、SCにもライフスタイルがあり、これがSCの特徴を決める一つの要素になることは間違いありません。ですから、SCは他者のライフスタイルをアセスメントするばかりではなく、自分自身のライフスタイルも把握し、自分の短所と長所を理解した上で、職務に当たることが望ましいと思われます。

ディンクマイヤーらによると、カウンセラーのライフスタイルも相談関係における重要な要素の一つです。[6] 彼らは、カウンセラーのライフスタイルは、カウンセラーの信念を反映していて、すべてのタイプに長所と短所があるとして、主なライフスタイルとして次の三つを挙げて説明しています。[7]

（1）支配的なカウンセラー

（2）完璧主義なカウンセラー

（3）プリーザーのカウンセラー

では、それぞれのタイプを簡単に説明します。

まず、（1）支配的なカウンセラーの特徴です。このタイプは、論理的で、問題解決、体系化することが得意なことが長所です。一方で、相手の話を論理的に理解することはできても、感情を認識することは苦手で、権力争いになりやすいことが短所と言えます。相手と信頼関係を築く際、相手に対して力を持っていると感じられることがポイントとなるようです。

次に、（2）完璧主義なカウンセラーの特徴です。このタイプは、高い目標に従事しようと試み、目標を達成しようとするのが長所です。一方で、誤ることが嫌いで、誤ることを是が非でも避けようとする傾向があり、これが短所であると言えます。

最後に、（3）プリーザーのカウンセラーです。端的に言うと、このタイプは、人を喜ばせるために生きているので、このことが、長所にも短所にもなりえます。共感的なチームプレーヤーで、他者に敏感であることは長所です。一方で、相手に対して「いいえ」と言えない、相手の要求を断れないことが短所であると言えます。

この三つは、代表的なタイプであり、すべてのカウンセラーがどれかに当てはまるわけではありません。これ以外のタイプももちろんあります。ＳＣの皆さんは、自分のことを顧みたとき、自分に近いな、と思うタイプがあるかも知れません。あるいは、身近にいるＳＣを考えた時、あのＳＣはきっとあのタイプに近い、などと思い当たるかも知れません。筆者は、この三つのタイプで言えば、（３）に一番近いと思っています。（３）の説明を自分で書きながら、短所の部分で、恥ずかしながら、「その通りだ……」と少々、苦々しい思いになりました。勤務先の教職員や、同職種のカウンセーに、時折、「先生は、人の要求を聞きすぎるので、気をつけてくださいね」と、ありがたいお言葉（聞いた時には、耳が痛いのですが）を頂くこともあります。相手の要求を聞きすぎてしまい、こうして欲しいのだろうな、と思うことをやってあげたくなってしまって、ついつい、ルールや決まりを、「これくらいなら……」と逸脱してしまう傾向もあるのです。このような傾向があるのを知っているので、事前に気をつけようと思うことができます。ですから、自分の傾向を日頃から知っておくこと、自覚しておくことはとても大切です。

まとめ

本章ではＳＣとしてのあり方と、それに活かすアドラー心理学の要素をお伝えしてまいりました。筆者は、ＳＣが学校という組織においてどのような存在であるべきなのか、また、自分がどのようなタイプのＳＣであるのかを自覚すること、確認することがとても大切だと思っています。学校組織によっては、どのような存在であることを期待されているのかが異なることもあります。また、残念ながら、自分のタイプが学校組織としては望ましくないこともあるかも知れません。その場合でも、自分のできる範囲で、望まれた役割を果たすことも大切だと思われます。SCとしてのあり方は次章で説明する信頼関係にもつながることです。SCがどのような姿勢で仕事に臨んでいるのか、教員も保護者も、そして子どもたちも見ていると思われます。筆者は、学校組織における自分の役割を自覚、確認しながら、その役割の範囲内で最善を尽くすことが大切だと思い、SCの仕事に臨んでおります。また、参考までに、筆者の経験から、SCの一日の活動例を次に示しましたので、参考にしてください。

SCの一日の活動例

朝　登校時の児童の様子を観察。教職員と情報共有。一日の活動内容の確認など。
授業中　行動観察、保護者面談、児童の対応など。
休み時間　相談室に児童が遊びに来たり、相談に来たりします。
　校庭で行動観察することもあります。
給食　教室で児童と一緒に食べることもあります。
放課後　児童や保護者の面談、教職員と情報共有、校内の委員会に参加。一日の記録を作成など。

●相談室の利用の仕方や決まりは、学校の管理職、教職員と相談して決まることが多いです。学校によって異なります。

●SCによって異なると思いますが、面談していない時は、筆者は、校内を巡回していることが多いです。一日を有効に使う努力をしているのですが、筆者にはなかなか難しいです。

【文献】

（1）村瀬嘉代子監修、東京学校臨床心理研修会編、『学校が求めるスクールカウンセラー――アセスメントとコンサルテーションを中心に』、遠見書房、二〇一三年、一二～一三頁

（2）鈴木義也、八巻秀、深沢孝之、『アドラー臨床心理学入門』、アルテ、二〇一五年、一四五～一五六頁

（3）（1）、一四頁

（4）岩井俊憲監修、梶野真、『アドラー心理学を深く知る29のキーワード』、祥伝社新書、二〇一五年、九八～一〇一頁

（5）Oberst, U. E. & Stewart, A. E. *Adlerian Psychotherapy: An Advanced Approach to Individual Psychology,* Routledge, 2003, p.9

（6）Don Dinkmeyer Jr., Jon Carlson, & Rebecca E. Michel, *CONSULTATION, Creating School-Based Interventions, 4th edition,* Taylor & Francis, 2016, p.68

（7）（6）、pp.68-69

第3章　信頼関係づくりに活かすアドラー心理学

教職員との信頼関係づくり

第2章では、ＳＣのあり方について説明しましたが、いじめや不登校などの問題に関わる際にも、教育相談体制に関わる際にも、ＳＣにとって大切なことは、教職員との協働だということがお分かりいただけたかと思います。本書はじめにでもお伝えしましたが、アドラー心理学がスクールカウンセリングの現場で活かせる要素の一つとして、他職種との協働を視野に入れていることが、挙げられます。ＳＣ自身が、学校組織で働く一員として、学校というコミュニティで、「共同体感覚」を発揮し、子どもや教職員、保護者のために、他職種と協働することが大切なのです。

第2章では、文部科学省の教育相談体制の充実についての方針を紹介しました。さらに、文部科学省は、「チーム学校」という在り方も提唱しています。これは、学校で問題が起こった際に、学級担任の教員などが一人で問題を解決するのではなく、学校の教員と多様な専門性をもつ職員が一つのチームとしてそれぞれの専門性を活かして、連携、協働しながら解決ができるように、管理職のリーダーシップのもと学校組織を改善していくことを目指しています。文部科学省のホームページでは、「チームとしての学校」を実現するための三つの視点を挙げています。

１　専門性に基づくチーム体制の構築
２　学校のマネジメント体制の強化
３　教職員一人一人が力を発揮できる環境の整備

（http://www.mext.go.jp/b_menu/shingi/chukyo/chukyo3/siryo/attach/1365408.htm）

また、「チームとしての学校の在り方と今度の改善方策について」（答申）では、次のように述べられています。

（生徒指導上の課題解決のための「チームとしての学校」の必要性）

「学校が、より困難度を増している生徒指導上の課題に対応していくためには、教職員が心理や福祉等の専門家や関係機関、地域と連携し、チームとして課題解決に取り組むことが必要である。

例えば、子供たちの問題行動の背景には、多くの場合、子供たちの心の問題とともに、家庭、友人関係、地域、学校など子供たちの置かれている環境の問題があり、子供たちの問題と環境の問題は複雑に絡み合っていることから、単に子供たちの問題行動のみに着目して対応するだけでは、問題はなかなか解決できない。学校現場で、より効果的に対応していくためには、教員に加えて、心理の専門家であるカウンセラーや福祉の専門家であるソーシャルワーカーを活用し、子供たちの様々な情報を整理統合し、アセスメントやプランニングをした上で、教職員がチームで、問題を抱えた子供たちの支援を行うことが重要である」（http://www.mext.go.jp/b_menu/shingi/chukyo/chukyo0/toushin/__icsFiles/afieldfile/2016/02/05/1365657_00.pdf）

ＳＣはこのような考えのもと、学校に配置されていることを理解した上で、学校内で、心理の専門的な知識と技量を持ったチームの一員として、問題に対処するために教職員と協働することが期待されており、そのような役目を果たすよう努めることが大切なのです。第2章でお伝えした村瀬のSCの基本活動の（5）は、システムを作るということでした。この視点で申せば、SCが「チーム学校」の一員として機能できるようなシステムを作るために必要な、学校での信頼関係作りとも言えましょう。

SCは、特に、いじめ、不登校、虐待など直ちに対応を求められる案件や、特別支援の分野で「チーム学校」のメンバーになり得ます。教職員の方々と問題などの解決に向けて協働しつつ、自分の役割を考えて、その時に必要な専門性を発揮すること、専門職の立場から助言できることが求められているのです。「チーム学校」の中で、自分の役割を考えるときには、第2章でも紹介した「課題の分離」の考え方を用いると、考えやすいと思われます。求められていない役割を果たすことは望ましくありませんし、他職種の専門性を侵すことも望ましくありません。やりたいこととやるべきことは、同じではありません。やるべきことをやるように心がけることが、まずは大切だと、筆者は考えています。

SCは、「チーム学校」で対応するような問題が生じる以前に、日頃から、教職員との信頼関係を築く努力をすることが大切です。教職員と協働するためには、日頃から、授業中や休み時間、放課後などに児童の行動観察をしたこと、そこからSCが推測したこと、見立てたこと、感じたことなどを伝えること、児童や保護者と面談をしたら、その内容を共有すること、が大切だと考えます。教職員の方々から、日常的に、問題行動を呈するような子どもたちとどう接したら良いのかとか、保護者とどう関わったら良いのかなどの相談を受けたら、出来るだけ教職員のためになるような助言を心がけます。求められていることについて、情報提供できなかったり、その場で助言できなかったりしたら、筆者は無理せず、「今、分からないので調べてきます」とか、「もっと詳しい人に聞いてきます」と答えることにしています。教職員の方々は、お忙しく、調べるということに時間が割けない場合も多々あります。SCが代わりに調べたり、「こんな本がありますよ」と紹介したりするだけでも、教職員の負担が減り、SCに対する信頼が築けるきっかけにもなります。

また、SCとして、どのような教職員と積極的に情報共有をするのかも考えることが大切です。繰り返しになりますが、教職員の方々は決して暇な訳ではありません。貴重な時間を割いてもらうことになります。SC自身も、週一回程度の勤務であることがほとんどです。もちろん、子どもや保護者が相談、面談に来た場合、その学級担任の先生と（守秘義務を守りつつ）情報共有することは当然のことです。それに加えて、各学校には、SC業務担当の教職員や、教育相談担当の教職員、生活指導担当の教職員、特別支援担当の教職員がいらっしゃいます。学校の校務分掌をよく理解した上で、情報共有するべき教職員に、全般的な情報共有を心がけることが大切です。筆者の場合、管理職、特別支援コーディネーター、生活指導責任者、教育相談責任者、養護教諭の教職員とは、よくお話をさせて頂きます。管理職の判断が必要な案件や、情報共有を確実に行いたい案件であれば、SCからケース会議を開いてほしい、連絡会で話してほしいとお願いすることもあります。このように、SCが個別面談だけをしているのではなく、学校という組織の中で、学校のため（子どものため）の活動をしていることを伝えていくことが、信頼関係を築く大前提ではないかと筆者は考えております。このような視点が欠けているSCであれば、大切な案件について、専門的なアドバイスをしてもらいたいとか、協働したいとは思ってもらえないでしょう。

このような大前提を基に、教職員との信頼関係を築くポイントを筆者の経験から、筆者なりに次のように考えてみました。

教職員との信頼関係構築のポイント

●相手（学校組織全体、一人一人の教職員）を理解しようとすること
●協働する姿勢を常に示し、専門職として、何らかの助言をすること
●教師という職業を理解し、敬意を払うこと

アドラー心理学の視点でいうと、学校というコミュニティで、ＳＣがどのように自分の共同体感覚を発揮できるかということです。

また、教職員に対する勇気づけ的態度も、信頼関係構築には大切な要素になります。ＳＣから見て、教職員の方々の子どもたちとの関わりが良いものであるなと感じたら、そのことを教職員の方々に伝えることもします。特に、教職員になって、まだ比較的年数の浅い先生や、配慮を要する児童が多くいる学級の担任の先生の中には、自分の子どもへの関わりが適切なのかを気にされている方々もいらっしゃるかと思います。そのような教職員の方々には、特に勇気づけ的関わりが大切だと筆者は考えているので、そのような関わりができるように心がけています。なぜなら、学級において担任の先生が笑顔で過ごす時間が多ければ、そこで過ごす子どもたちも笑顔になるからです。

教職員の方々にも、当然、ライフスタイルがあります。ですから、教職員としてのあり方、児童に対してどのような教職員なのか、学級経営の仕方などが異なっています。第2章では、ＳＣにライフスタイルがあり、主なタイプ（支配的なタイプ、完璧主義的なタイプ、プリーザータイプ）を紹介しました。これと同様に、教職員の皆さまにも、ライフスタイルやそれに基づいたタイプがあります。

情報共有する際も、問題対処する際も、相手のタイプによって、伝え方、助言の仕方を変えていく必要があると筆者は思っています。どのような情報を、誰に最初に話すのが良いのか、どのようなタイミングでどのように話すべきなのかを、できるだけ考えて報告をするようにしています。

できるだけ考えて報告しようと心がけても、残念ながら、必要な情報を必要なタイミングで、必要な教員にうまく伝えられないこともあります。時に、管理職の先生方や、教職員の方々に、あの時のSCの対応がよろしくなかった、もっとこうして欲しかったということを言われることもあります。色々と言っていただけるうちは、関係性はまだ良いのだと筆者は感じております。SCに何らかの期待をしてくださっているから、厳しいことも言っていただけるのだと思います。言っても伝わらないな、と思われているSCには、そのような話もしてくださらないのかもしれません。ですから、厳しいお言葉をいただいた時は、それを聞くのは辛いこともありますが、ありがたく受け止めて、自分の至らなさを素直に反省して、教職員の方々からのお言葉、ご意見を、次回の対応に活かせるように考えることが大切だと思っております。

SCは常に、教職員の方々から、この人はどのような問題に対応ができるSCなのか、問題対処に向けて協働できるSCなのかを測られていることを念頭に置いて、活動することが大切です。

石川は、SC活動に求められるものとして、「いわゆる、PDCAサイクル、『Plan（アセスメントから見立てを行い、仮説を立て、方略を考える）‐Do（実行する）‐Check（結果を修正・検証する）‐Act（必要に応じてやり方を修正・改善する）』を、いかに周囲の教職員と共有しながら実践していかれるのかが問われていると思います[1]」と述べています。このような活動は、信頼関係が築かれていないとできないでしょうし、また、このような活動ができることで信頼関係が深まっていく、筆者はそのように考えております。実際、筆者の経験から、何らかの案件に協働して対応した時に、教職員の方々と信頼関係が深まっているなと感じております。

保護者との信頼関係づくり

小学校でのスクールカウンセリングの特徴の一つは、先述したように、他の校種と比べて、保護者対応、面談が多いことではないかと思われます。実際、筆者の経験では、保護者対応・面談のケースや、児童本人と保護者が一緒に相談室を訪れるケースが多い小学校もあります。

では、保護者とどのように信頼関係を築いていけば良いのでしょうか。今、振り返ってみると、ＳＣとして勤務し始めた頃は、保護者にどう対応すれば良いのかなどよく分からずに、ただただ必死に面談にいらっしゃる保護者に対応していたように思います。最近になって、保護者との信頼関係を築く際に大切だと感じていることは、次の二点です。

保護者との信頼関係構築ポイント

●子どもの一番の専門家は保護者であるという態度で接すること

●保護者が面談に来た目的を考えること

まず、子どもの一番の専門家は保護者であるという態度で接することについてです。ＳＣは保護者の話を丁寧に聞くことをこころがけている一方で、専門家の立場からアドバイスを求められていると思っているので、ついついい色々とアドバイスしたくなってしまうかもしれません。子どもについても、

ＳＣの見立てを伝えたくなり、「〇〇なタイプのお子さんですよね」などと、決めつけてしまうかもしれません。筆者は、このようなＳＣの態度を快く思わない保護者が結構いらっしゃるのではないか、と思っています。例え、どのような保護者であったとしても、子どもを一番身近でみていて、一番知っているのは、何と言っても保護者です。また、子どもに対する影響力が一番大きいのも保護者です。これらのことを念頭に入れ、保護者を尊重することが大切です。

ある保護者が、「自分の子どもがよく分からない」と相談に来ました。ご自分の子どもに関して、たくさんのお話をされました。最後に、「先生は、うちの子をどう思われますか?」と聞かれたので、筆者は正直に、〈私も今のお話を聞いた限りでは、よく分かりません〉とお答えしました。頼りのないカウンセラーだと思われても仕方がないな、と保護者の反応を待っていると、「うちの子は、先生でもよく分からないのですね……そうですよね、そういう子なんですよね」と、ちょっと安心されたような表情と反応が返ってきました。筆者にとっては、少し意外な反応でした。〈よく分からないので、学校の様子を見させて頂きます。学校での様子をお伝えするので、また面談にいらしてください〉とお伝えし、その保護者は次回の予約をして帰られました。後で、筆者が思ったことは、もしかしたら、数十分間子どもの話を聞いただけで、子どもがよく分かるなどと言うことは、十年以上自分の子どもと一所懸命関わってきた保護者にとっては失礼な話なのかもしれない、ということでした。それ以来、筆者は、〈もしかしたら、〇〇なのかも知れませんね。でも、そうなのかどうかは、よく分からない点もありますから、学校での様子を見させてもらっても良いでしょうか?〉というような内容を伝えることにしています。

二点目として、保護者が面談にいらした目的や、ＳＣに相談することで何を期待しているのかなどを考えながら、対応することも大切です。何の目的でＳＣ面談にいらしたのか、分かりやすい保護者もいらっしゃれば、残念ながらそうではない保護者もいらっしゃいます。ですが、アドラー心理学では、人のすべての行動には目的があると考えていますから、相談に来るという保護者の行動にも、必ず目的があるはず、と考えて臨みます。目的がわかれば、どう対応すれば良いのか、考えることができます。的外れな対応をする危険性も免れます。保護者に限ったことではありませんが、相談に来る人は、相談に来ることで、何かが変わることを期待しています。例えば、話すことで、相談室に入る前より、帰る時の方が、気持ちが少しでも楽になっているのであれば良いと思う方もいれば、それだけでは不十分で、子どものために何らかの対応をして欲しいと切に願っていらっしゃる方もいらっしゃいます。言葉でははっきりおっしゃらなかったけれど、具体的な対応を望まれていたのだ……と後で分かり、反省することもあります。保護者の方々は、普段、学校で生活している訳ではありませんので、子どもや教職員のように、学校での様子を見て、どのようなライフスタイルを持っている人なのかなどと見立てる機会がほとんどありません。ですから、面談でのやり取り中に、話を聞きながら、ちょっとした言葉の表現や、お話の内容の中に、保護者の希望、期待を推測していかなくてはなりません。ですから、筆者は、話の最後に、聞いた話の整理と、ＳＣとしての今後の対応の方針を確認することにしています。筆者の経験から、相談にいらっしゃる保護者の思いをまとめてみると、主な要望や面談の目的は、次のようになるのではないか、と思っています。

●子どもの特性について、学級担任の先生を中心として、教職員の方々に理解してほしい。
●子どもの特性に応じて、学校で適切に配慮をしてほしい。

●教職員やSCに、子どもの学校での様子を見守ってほしい。
●学校での様子がわからないので、教職員やSCから教えてほしい。
●子どもとの関わりで悩んでいることを理解してほしい。子どもとの関わり方を教えてほしい。

保護者の願いや目的は一つではないと思います。意識している目的もあれば、意識していない目的もあると思います。筆者は、保護者の主な思いはどれなのかしら、と思いながら、お話を聞いています。SC配置が全国的に進んでいるとはいえ、まだまだ、SCの存在自体をご存知ない保護者の方々もいらっしゃいますし、SCに相談に来ることを敷居が高いと感じる方々もいらっしゃいます。ですから、わざわざ、相談に来てくださっただけでも、それだけ、保護者の方々が子どものことを思い、考えているということだと筆者は思います。そのような思いにどのように応えることができるのか、応えることで信頼関係が築かれていくのだと思います。

保護者の中には、子育てについて悩み、一人で抱え込みすぎて、疲弊してしまったり、途方に暮れてしまったり、という方々もいらっしゃいます。そのような保護者が、やっと相談しに来てくれた時には、筆者は、相談しにいらしたことを勇気づけすることにしています。「お忙しい中、来てくださってありがとうございます」と伝えています。そして、SCや先生たちと協力して、保護者や子どものためにどうしていくのが良いのか、一緒に考えていきましょう、と伝えます。保護者に一人ではないですよ、学校や地域がサポートしていきますよ、ということをお伝えすることも大切です。必要であれば、地域の教育相談や、医療機関や、その他必要な機関の情報をお伝えすることもあります。保護者が困った時に相談できる環境を、学校の教職員の方々と相談しながら、作っていくことも大切です。

アドラー心理学の視点から申せば、保護者の中にも、「共同体感覚」を育んだり、発揮できたりするような働き掛け、つまり勇気づけをすることが大切なのです。筆者は、ＳＣとして、保護者の方々とその子ども達に関わりながら、保護者の方々のお気持ちが安定すれば、子ども達の気持ちも安定していくケースが多いことを体験しています。保護者が勇気づけられれば、自分の子どもと関わることに自信が持てるようになると思われます。

保護者の中には、信頼関係を作り難い方々もいらっしゃいます。筆者も、残念ながら全ての保護者と信頼関係を築けるような関わりができる訳ではありません。保護者の中にも、それまでの経験から、勇気をくじかれ、助けてほしい状況で、助けてほしいと適切に言えない方々もいらっしゃるのだと思います。子育てが大変そうなご家庭の保護者に働きかける時には、管理職の先生、学級担任の先生、関連の先生方と一緒に、保護者への働きかけ方を考えながら、共同して対応をしていくことが大切だと思われます。

筆者は、時には、保護者の方と数年お付き合いすることがあります。ある保護者から送られた言葉でとてもありがたいなと感じたものがあります。筆者は、毎回色々なお話やご希望をおっしゃる保護者に、ただただ必死で対応していただけなのですが、ある時、相談すると何かが変わる感じがするので、続けて相談に来ている、というようなことをおっしゃって頂きました。その時、筆者は、相談しに来た方が相談することで、「何かが変わった」と感じてくださったら、信頼が生まれるのだ、ということを改めて実感しました。

子どもとの信頼関係づくり

小学校で主人公の子ども達と、どのように信頼関係を築いていけばよいでしょうか？　休み時間に一緒に遊んだり、楽しいことをしたりすれば、友達になれるでしょう。そのような関わりも大切だと思われます。でも、SCとしては、それだけでは不十分だと思います。SCは、子どもが困った時に、言い難いような話を打ち明けられるような人物でなくてはなりません。どんな人物に、どんな大人に、子どもは自分の大切なことを相談したいと思ってくれるでしょうか？　筆者はそんなことを考えながら、子どもと関わっています。筆者なりの考えは、自分を信頼してくれている大人で、自分を一人の人間として見ていてくれる大人ではないか、と思うのです。そして、自分が勇気をくじかれて元気のない時に、そんな様子に気づき、勇気づけをしてくれる大人ではないか、と思うのです。筆者には、まだまだ子どもと充分に関わりきれていない、という思いがいつもありますが、子どもと関わる時は、自分にできることはしていきたい、と勇気づけを心がけています。休み時間、授業中、放課後など、困っている児童を見かけたら、授業の邪魔をしないように気をつけながら、声をかけることもあります。時には、学級担任の先生などから、「〇〇さんの話を聞いてあげてください」と託されることもあります。そんな時には、話を聞きつつも、この子は一体どんなライフスタイルを持っているのだろう、どんな関わり方をすれば、この子にとって勇気づけになるのだろう、と思いながら関わっています。子どもにも様々なタイプがあり、一度相談室に来たあと、SCを校内で見かけると、子どもから声をかけてくれたり、近寄ってきたりする子どももいます。このようなタイプの子ども達には、SCからも働きかけ易いです。一方で、ほかの子ども達がいる前で、SCに声をかけられたくない、と思う子ども達もいます。このような子ども達には、目があったら軽く微笑みかけるくらいの働きかけで、そっと見守っているからね、と伝えるくらいがちょうど良いのかもしれません。子どものタイプに応じて、対応を変えていくことも大切です。

ある時、いつも相談室を訪れてくれる子どもが、他者には言い難いことを打ち明けてくれたことがありました。〈話し難いことを、私に話してくれてありがとう〉と伝えると、その子は、「先生（筆者注 筆者のこと）になら話しても怒られないと思ったから……」と応えてくれました。そのような子どもらしい表現に思わず笑ってしまいそうですが、子どもの信頼とは、そういうことなのかもしれない、と思わされました。筆者は、この子どもが、SCだけではなくて、他の先生にも、怒られると思わないで安心して話ができるといいな、と思いました。ですから、その子どもと話をして、その子が次に話してもいいと思える先生のところへ一緒に話をしにいきました。その子は、その先生にも怒られることなく、話を聞いてもらえました。きっとここでも話を聞いてもらえたことに勇気づけられて、安心したと思います。

筆者は、「この子の話は、私でなくては聞いてあげられない」などと、SCが一人で子どもを抱え込んで思ってしまったら、信頼されないと思っています。なぜなら、それは、SCが自分の役割を分かっていないからです。SCの役割は、家庭や学校という社会、共同体で子どもがうまく生活できるように支援することです。ですからSC一人で子どもの悩みを聞き、解決しようなどと思ってしまっては、SCの本来の役割を理解していないことになります。アドラー心理学でいう、「課題の分離」ができていないのです。子どもが本当に自分のことを分かって欲しい相手は、SCではないと筆者は考えています。もちろんSCにも分かって欲しいのだろうと思うのですが、最終的にはもっと身近な人たち、例えば、親、きょうだい、友達や先生などに自分のことを分かって欲しいのだろうと思うのです。ですから、ＳＣに相談することをきっかけに、自分のことを本当に伝えたい他者に話すことができたら、そこから信頼関係を築けるのではないか、と感じています。

まとめ

本章では、小学校で、教職員、保護者、子ども達とどのように信頼関係を築いていくのか、そして、その際に、アドラー心理学のどのような要素を活かしていくのかについてお伝えしました。

教職員、保護者、そして子どもと対象が変わっても、ＳＣが行うことの基本は同じだと思っていただければ幸いです。相手のことや、相手が抱えている問題を理解しようとする姿勢、相手を尊重しつつ支援していこうとする姿勢、相手の変化を見守る姿勢など、ＳＣ自身が「共同体感覚」を発揮している姿が、信頼関係構築につながるのだろうと感じております。

【文献】

（1）村瀬嘉代子監修、東京学校臨床心理研修会編、『学校が求めるスクールカウンセラー――アセスメントとコンサルテーションを中心に』、遠見書房、二〇一三年、五頁

コラム「クラス会議」

アドラー心理学に基づく学級経営とクラス会議

筆者は、これまで仕事で知り合った何人かの先生にアドラー心理学を勧めてみました。筆者はアドラー心理学を勉強していますが、闇雲にどの先生にもアドラー心理学を勧めている訳ではありません。アドラー心理学は主体性を重んじる心理学ですから、押し付けは禁物だと思っています。ですから、アドラー心理学に興味を持っていらっしゃる先生を見つけたら、タイミングを逃さずに勧めることにしています。

アドラー心理学に基づいた学級経営の一つの手法に、「クラス会議」というものがあります。このコラムでは、この「クラス会議」に関する書物をある先生にお勧めした話をいたします。まず、「クラス会議」とは何でしょうか？ 筆者なりに簡単に説明すると、クラスで起こっている問題を子ども達自身が問題提起して、それについて子ども達同士で話し合って、解決策を導き出す話し合いの活動です。子どもたちは、円座（輪）になって座ります。話す人は、トーキングスティックと呼ばれるもの（例えば、ぬいぐるみなど）を持っている人です。できるだけ全員が話せるようにこのトーキングスティックを回します。回ってきたら、話すかパスするかを決めることができます。教師は、その場に居ますが、ファシリテータのような役割を務めます。では、一体、何のために、子ども達同士が主体的に話し合う機会が必要なのでしょうか？ ネルソンらは、学級におけるポジティブ・ディシプリンの一つの方法として定期的にクラス会議を持つことを推奨しており、「ポジティブ・ディシプリンのクラス会議は、生徒達がこの重要な人生への態度（筆者注 他人、コミュニティや環境に対して気を配り、関心を持つという態度）と、真の共同体感覚を身につけるスキルを伸ばすことができる、一つのプロセスを提供します[1]」と述べています。ドライカースとキャッセルは、「クラス討議の時間」と称していて、クラス討議の必要性に関して、「責任それ自体を受け入れる機会を生徒に与えることによってのみ、責任を教えることができる」、「どんな問題児でも、クラス全体の問題の一つであること、そしてその問題の解決は、クラス全員の援助的なかかわり合いの中から最も自然に起こってくることを覚えておくのが大切です[2]」と述べています。

クラスの問題を大人の権威的な力で解決するよりも、子ども達同士の話し合い、つまり協働によって解決する方が、子ども達みんなにとって良いことがあるだろうし、責任も感じるであろうし、うまく解決すれば、自信につながるだろう、ということなのです。また、子ども達同士が、何を考えているのか、何を悩んでいるのかを共有できることは、一人一人の子どもが他の子どもとつながることができるという実感、あるいはつながっていることを実感できる機会になります。自分がクラスという集団に所属している、貢献しているという感覚も持てるでしょう。共同体感覚を育んだり、発揮できたりする場である、という訳です。また、それを見て、聴いている先生も、授業とは別の子ども達の一面を見ることができるなど、よりよく児童理解ができるでしょう。

日本で、アドラー心理学を基盤とした「クラス会議」を実践・紹介している赤坂は、自身の「クラス会議」の手法を紹介している書物の冒頭で、「最初に質問です。みなさんの目指すクラスはどんなクラスですか？」[3]と問いかけています。「クラス会議」を持つこと自体が目的・目標なのではなくて、「クラス会議」は、どんなクラスにしたいのか、学級の目標を具体化するための一つの方法なのです。赤坂は、「勇気づけの学級づくり」の具体的な方法の一つとしてクラス会議を紹介しています。さらに、「アドラーは、自らの教育の目標である「共同体感覚」と共に協力的態度を育成する場として学級を重視しており、そして学級での協力的態度育成は、平等で心を開いて討論するような、民主的かつ自治的に問題を解決する姿勢による指導を通してなされるべきと考えていました。ディンクマイヤーとドライカースは、クラス全員で話し合うことは、「教育上きわめて重要な技術」だと指摘しています。これがクラス会議です」[4]と述べています。

実際にどのような手順でクラス会議を実施するのか、簡単に紹介しましょう。[5]

（ねらい）

クラス会議の目的を知らせ、活動への意欲を高める。

クラス会議の場づくりに関する話し合いを通じて、受容的な雰囲気をつくる。

ポジティブな感情を伝え合うことで、積極的で明るい雰囲気をつくることのよさに気づかせる。

（展開）

①クラス会議の実施に対して同意を得る。

②クラス会議の趣旨を語る。

③輪になるためのルールを考える。

④輪になる。

⑤コンプリメント（筆者注　ポジティブな言葉かけ）を交換する。
⑥感想を交流する。

クラス会議は、子ども達同士が問題解決に向けて話し合うことを通じて、子ども達の主体性、責任感や共同体感覚の育成を目的とした活動です。また、そのような子ども像を学級経営の目標の一つとしている先生が取り組む活動であるともいえましょう。学級経営はSCの専門ではないので、SCとしての筆者が、教員に積極的にお伝えする立場にはありませんが、それでも、どのような学級経営が子どもたちにとって望ましいのかについて知っておくことや、SCなりに考えを持っていることは必要だと思われます。なぜなら、学校現場でアドバイスを求められることは少なくないからです。ここで紹介したように、アドラー心理学には、アドラー心理学を基にした学級経営の考え方があります。筆者は、アドラー心理学に興味を持ってくださる先生がいらしたら、アドラー心理学に基づく学級経営やクラス会議などについて、是非、知っていただきたいと思っております。ですから、「アドラー心理学に興味があって……」という言葉を先生の口から聞いた時には、〈ここはチャンス！〉とばかりに、こんな本がありますよ……などと紹介することにしております。このコラムも、そのようにアドラー心理学に興味・関心を持ってくださっている教員の方々に、アドラー心理学に基づく学級経営の考え方や、クラス会議などを知っていただきたくて、書いております。ただ、筆者自身は学級経営や、クラス会議をした経験がございませんので、詳しく学びたい方は、文献にあげた他書などをご参考にしてください。

小学校の先生に「クラス会議」を紹介

ここでは、筆者が仕事を通じて知り合った先生に、「クラス会議」の本をお勧めした話をいたしましょう。筆者が仕事を通じて知り合ったA先生という方がいらっしゃいました。このA先生は、児童や保護者のことなどについて、筆者と話す機会の多い先生でした。ある日、仕事が終わった後、A先生を含め、数人の先生方と雑談などをしておりますと、A先生が「最近、『嫌われる勇気』という本を読んだのですけど、面白くて……」とお話されました。筆者は、その言葉を聞いて、〈A先生がアドラー心理学に興味を持ってくださるなんて嬉しいなぁ〉と思いました。〈今までアドラー心理学を知らなかった小学校の先生の間でも、アドラー心理学が少しずつ広まりつつあるのかなぁ……〉とも感じました。筆者は、この時を逃してはならない！と思い、実は、自分が心理学の中でも主にアドラー心理学を自分の臨床の基盤として学んでいることをお伝えしました。短時間でしたが、アドラー心理学の話で盛り上がりました。別れ際に、学級で実践できるアドラー心理学に関する本がいくつかあるので、今度お会いした時に、A先生にお貸ししますと約束しました。『嫌われる勇気』は、どちらかというと自己啓発的な要素が強い内容ですから、A先生は、学校や学級で活かせるアドラー心理学があると聞いて、とても興味を持ってくださり、是非、貸してくださいと応えてくれました。次にA先生にお会いした時に、筆者は、学級担任の先生が参考に出来るアドラー心理学の本と、「クラス会議」に関する本を合わせて数冊、A先生にお渡ししました。A先生は、「クラス会議」についての本をパラパラと見ながら、「へぇ……これ面白そう……今度、これやってみます！」と仰っていました。A先生は、日頃から、児童に寄り添い、とても行動力のある先生で、不登校傾向や学習、集団生活で多少なりとも困難を感じている児童への対応も早く、できることはすぐに実践してくださる先生だ、という印象を筆者は持っていました。とはいえ、本書をお手にとってくださる方々ならご存知かと思うのですが、小学校の先生はかなり忙しいです。「クラス会議」の時間を捻出することはなかなか難しいことです。こんなことを申しては大変失礼でしょうが、実践してくださらなくても、A先生に「クラス会議」や学級でも実践できるアドラー心理学を紹介できたこと、そしてA先生が興味を示してくださったことだけでも、筆者は満足していました。

それからしばらくして、またA先生とお話する機会がありました。A先生と児童の話をしていると、「あっ、そういえば、この間やってみましたよ、クラス会議……」とおっしゃったのです。〈ええっ！本当ですか。わぁ……どうでした、どうでした?〉と筆者は嬉しさのあまり、興奮気味に聞いてしまいました。「はい、面白かったですよ！」とのお返事でした。その時に作った資料も見せてくれました。〈へぇ、お忙しいのに資料まで……いつの間に作ったのですか?〉「いや、作ったといっても、本を見て真似してみただけですよ……」と笑顔で話されていました。良いと思ったらとにかくやってみるA先生の姿勢はアドラー心理学と相性が良いのだな、と筆者は思いました。「クラス会議」の時の子ども達の様子をうかがうと、始めは、どうして良いのかわからない子どももいたけれど、慣れてくるとそれなりに自分の意見を言い始めたそうです。

その後も、クラス会議を数回やってみたと話してくれました。それにしてもA先生の実行力にはとても感服いたしました。このような先生に、アドラー心理学や「クラス会議」を紹介することができて、改めてとても嬉しいですし、良かったと感じました。筆者は残念ながら、「クラス会議」を実際にやっているところを、その場で見たことがありません。いつの日か実際に見て、子どもの様子を感じてみたいと思っております。

筆者は、本書を書くにあたり、スクールカウンセリングのことだけではなく、実際の教育現場の先生が、アドラー心理学を教育現場で活かすことについてどのような感想を持ってらっしゃるのかもお伝えしたいと思いました。それも、以前からアドラー心理学をご存知で、実践してらっしゃる先生ではなくて、最近アドラー心理学を知ったばかりの先生から、率直で新鮮な感想を聞きたいと思いました。そこで、A先生にこの主旨を話して、A先生の感想をお聞きすることはできますか？とたずねてみました。するとA先生は、「自分でよければ」と快諾してくださいました。ですから、ここで、アドラー心理学についてどう感じて、どう考えていらっしゃるのかについて、筆者が聞いた質問に対するA先生の貴重なお答えを紹介します。

A先生から見たアドラー心理学とは

筆者〈アドラー心理学のどのような点が、仕事をする面、日常生活を送る面などで役に立つと思いますか？〉

A先生「児童理解の上で、子どもの気持ちや考えについて深層心理が少しわかるようになる。また、保護者や同僚間の人間関係についても気持ちが楽になる」、「人とのコミュニケーションの時に、割り切って関係を築けるところが良い」

筆者〈クラス会議をやってみようと思ってくださったきっかけは？〉

A先生「クラス会議が書かれていた本を読んで、試してみたくなったから」

筆者〈クラス会議での子ども達の反応を見て感じたことは？〉

A先生「楽しくできる子と自信なさそうにしている子の二極化がある。何回か経験させてあげれば、より活発に意見交換できるようになると思う。クラスの中で発言できない子どもへのフォローは必要。クラスで発言が苦手な子どもも、クラス会議で発言できるようになりましたよ」

筆者〈クラス会議について、子ども達自身の感想を聞いたことがあったら教えてください〉

A先生「みんなで話し会えるのが楽しい」、「友達が何を考えているのか分かって良かった」

筆者〈今後の教育現場でアドラー心理学を活かすとしたら？〉

A先生「不登校などの課題を抱えている子ども達に対する接し方や理解の仕方に活かしたい。課題の分離は大人への対応で生かしたい」、「多くの人がアドラー心理学について知ることで教育現場の課題も改善されると思う」

アドラー心理学を知った全ての方が、A先生のように思ってくださる、実行してくださるとは限らないと筆者は思っています。賛成してくださる方もいれば、反対される方もいらっしゃるでしょう。今後の教育現場に必要な考え方だと思ってくださる方もいれば、そうでない方もいらっしゃるでしょう。それでも、筆者は、アドラー心理学に少しでも興味を示してくださった先生には、今後も、アドラー心理学を紹介していきたいと思っております。興味を示してくださる先生方にアドラー心理学、アドラー心理学にもとづく学級経営を紹介することは、子どもたちのためになると思うからです。SCの活動やできることには限界があります。小学校で学級経営や「クラス会議」を実際にできるのは、先生方しかいらっしゃらないのです。そして、小学校で日々、子ども達の笑顔を増やせる鍵を握っているのは、SCより、何と言っても学級担任の先生なのです。筆者は、SCは、担任の先生方と協働して、子ども達のためになることを少しでも多く提供していくことも大切な活動の一つだと思っております。A先生にアドラー心理学を紹介した後に、別の先生数名にもアドラー心理学に関する本などを紹介する機会があり、大変ありがたいと感じました。今後も先生方の口から「アドラー心理学に興味があって……」という言葉を聞いたら、その機会を逃さずに紹介しようと思っております。

このコラムを読んで、アドラー心理学に基づく学級経営、「クラス会議」などに興味を持ってくださった先生方がいらしたら、何でも、どんな小さなことでも構いませんので、まずはご自身にできることから始めていただけるととても嬉しく思います。

最後に、ご協力くださったA先生に心より感謝いたしますと同時に、A先生の益々のご活躍を心よりお祈り申し上げます。

【文献】

（1）ジェーン・ネルセン、リン・ロット、H・ステファン・グレン著、会沢信彦訳、諸富祥彦解説、『クラス会議で子どもが変わる』、コスモス・ライブラリー、二〇〇〇年、四三頁

（2）ルドルフ・ドライカース、パール・キャッセル著、松田荘吉訳、『やる気を引き出す教師の技量』、一光社、一九九一年、一三七頁

（3）赤坂真二、『赤坂版「クラス会議」完全マニュアル――人とつながって生きる子どもを育てる』、ほんの森出版、二〇一四年、一〇頁

（4）赤坂真二、『先生のためのアドラー心理学――勇気づけの学級づくり』、ほんの森出版、二〇一〇年、八〇頁

（5）（3）、三二頁

第4章　アセスメントに活かすアドラー心理学

本書はじめにでは、ＳＣの主要なプロセスとして、信頼関係づくりのほかに、アセスメントと問題対処をあげました。信頼関係づくりもそうなのですが、アセスメントと問題対処は繋がっていることがほとんどで、アセスメントを続けながら問題対処をすることもあれば、問題対処が優先されるケースでは、問題に対処しながらアセスメントをしていくこともあります。本章では、主にアセスメントに重点を置いて説明をしますが、信頼関係づくりや問題対処につながる部分もあるかと思いますので、あらかじめご了承ください。

アドラー派のディンクマイヤーらは、学校でのコンサルテーション活動に関しての著書の中で、実用的なコンサルテーション理論には、（１）人間の行動を理解すること、（２）コンサルタントが、この理解を他者に正確に伝えるのに役立つ手順、（３）この理解を用いて、実践につなげるための方法についての機能的な知識　の三つが含まれている[1]、と述べ、アドラー心理学がこれらの要素を持っているとしています。本章では、筆者なりに、小学校のＳＣ活動におけるアセスメントと問題対処に活かせるアドラー心理学の要素をお伝えしてまいります。

スクールカウンセラーとアセスメント

SC活動の主要なプロセスの一つは、アセスメントつまり、問題となっている児童を見立てる、あるいは学級や、学校全体を見立てることです。筆者が参加したSC研修会などでも、複数の先生が複数の視点から、様々なアセスメント方法を教えてくださいました。実際に、小学校に出勤すると、教職員の方々から「今日は、気になる○○さんの行動観察をしてください」と頼まれることはよくあります。行動観察から、その子どもがどんな状態なのか、特性、困りごとや課題は何かなどをアセスメント、見立てをして、いくつかの仮説を立てていきます。そして、対処・対応としては、どんな支援、対応や働きかけが必要であるのかなどを、見極める必要があるのです。支援、対応や働きかけは、手当たり次第に、闇雲にすれば良いというわけではありません。何が有効なのか、充分に検討してから行わないと、なぜうまくいったのか、逆になぜうまくいかなかったのか、がよく分からなくなってしまうのです。ですから、SC従事者は、アセスメントには多角的視点、時間、労力が必要であることは、充分理解していると思われます。

しかし、残念ながら、SC経験者に対する調査から、SCはアセスメントに対して意識が向きにくいという報告があるそうです。その理由として、柴田は、次の事項をあげています。

（1）アセスメントは心理検査を用いた査定と考えている。

（2）クライエントを中心とした事柄（生育歴）のみの見立てと考えている。

（3）学校全体を視野に入れるのが困難である。

（4）自らが一要素として学校に存在していることの自覚がない（少ない）。

（5）一度見立てた仮説を修正する試みができにくい。(2)

この件について、筆者なりに思うところを述べてまいります。挙げられた事柄から、アセスメントは、心理検査だけではなく、またクライエント（当該児童）を中心とした事柄だけではなく、学級や学校全体を視野に入れての多角的なアセスメントが大切である事がわかります。

先ほど、ＳＣが学校に出勤したときに、子どもの行動観察を頼まれることがよくあるとお話しました。実際に、頼まれたその日のうちに、行動観察をして、更にはできれば当該児童と少し関わって（声かけをしてみるなど）、得られた情報をＳＣなりの理解（解釈）を加えて教職員に伝えるということが多いです。行動観察を頼まれた児童が、心理検査を受けていることは、残念ながら、少ないです。生育歴についても、特別な情報が保護者などを通じて学校側に伝えられていなかったら、家族構成などごく基本的な情報しかありません。ＳＣは情報が少ない中、行動観察などをして、そこから得られた情報で、ある程度のアセスメント、見立てをすることも多いのです。

また、ＳＣは、自分が学校でどのような存在であるのかを理解しながら、アセスメント活動することも大切であることがわかります。学校の中にいるカウンセラー（ＳＣ）と、学校外にいるカウンセラー（教育相談、医療機関など）とでは、同じカウンセラーでも、児童、保護者、教職員の方々にとっての意味合いが異なります。クライエント（当該児童）が、学校の中にいるカウンセラーにどのような態度を示すのか、も大切なアセスメントの情報になると思います。例えば、児童の中には、ＳＣと話すこと、ＳＣに声をかけられることが良いことではない、自分は何か問題を抱えていると思われるのは嫌だ、自分は問題児ではない、と思う児童もいます。実際に、ＳＣが声を掛けると、戸惑ったり、迷惑そうな反応を示したりする児童もいます。学校が信用できなければ、学校のＳＣも信用できないでしょう。ＳＣを教員と同じように、学校の先生だと思っていれば、本音を話すというよりは、良い子でいようとするかもしれません。一方で、話を聞いてくれるから、楽しいからと、気軽に相談室に寄ったり、ＳＣに話しかけたり、ＳＣと仲が良いことを嬉しそうに他児童や先生に話したりする児童もいます。このような違いは、児童の特性の現れとも捉えることができ、重要な情報となり得ます。

アセスメントするのは、観察対象の児童だけではありません。児童が置かれている環境、つまり、学級や学校もアセスメントする必要があります。環境は、子どもの現在の状態に、多かれ少なかれ影響を与えているからです。環境が異なれば、子どもの様子、状態が異なることもあるでしょう。子どもに対して、学級担任の先生がどのような態度で接しているのか、子どもを学級や、学校全体がどのように受け入れているのかなどもアセスメントすることが大切です。

そして、アセスメントからの見立て、仮説に関しては、ＳＣだけではなく、クライエント（当該児童）に関わる教職員、時には保護者も含めて、情報共有や協働をしながら立てていくことが大切です。仮説は、当然、一つとは限りません。むしろ、仮説は複数あることの方が望ましいのではないか、と筆者は考えています。始めから、仮説を一つに決めつけることは、かえって危険です。なぜなら、一つに決めてしまうと、そのようにしか見えなくなってしまい、他の視点や可能性が隠されてしまうからです。ですから、あえて始めから一つに決めることをしないで、こうかもしれない、でも、別の角度から考えるとああかもしれない、などと出来るだけたくさんの仮説を立て、継続的な行動観察、対応、支援、働きかけなどを行いながら、クライエントの実態に合わない仮説は排除し、合う仮説を残しながら、必要に応じて修正すること、それを教職員や保護者に伝えて共有・協働していくことが大切であると筆者は考えています。繰り返しになりますが、アセスメントは一回したら終わりではなく、いろいろな場面、情報がアセスメントにつながります。アセスメントを常に意識することが大切なので、アセスメントをしている場面に限らず、信頼関係を構築している過程でも行われますし、次問題対処・対応過程でも継続して進めることでもあります。第2章で述べたSC活動で重要なPDCAサイクルを行いながら、常にアセスメントを繰り返し、必要に応じて見立て直したり、仮説を立て直したりすることが大切なのです。

子どもの様々な困りごとに対する大切な視点

SC活動におけるアセスメントの重要性について話をしてきましたが、SCがアセスメントをするとき（アセスメントをお願いされるとき）は、どのような場合でしょうか。それは、子どもに困りごとや問題行動などが発生した場合です。子どもの困りごとや問題行動といっても内容は日常的なことから緊急的なことまで幅があり、実に様々です。主には、登校しぶり・不登校（傾向）、友人関係の問題、いじめ、学業不振、発達の偏り、精神的な症状、非行、虐待、暴力行為、自傷行為などです。

このような悩みごとや問題行動は、学級担任の先生、養護教員、そのほかの教職員やSCなどが子どもの日常の様子から気づいたり、子どもから話を打ち明けられたり、あるいは保護者からの相談などで分かる場合があります。何も対処をしないで放っておくと、後々、事態が深刻化することも考えられるので、未然防止、早期発見、早期対応が求められます。SCは、いつ起きるとも分からない先述したような様々な事柄に対して、何らかの形で関わることが多いので、いつでも対応できるように準備をしておく必要があります。筆者は、SCとして長い年月が経っている訳ではありませんが、先述したことをだいたいは経験いたしました。時には、どうして良いのかよく分からないまま、教職員と協力して、必死に対応したこともありました。

このような子どもの困りごとや問題行動が起こった時に、SCとして持つべき大切な視点がありま す。それは、子どもの困りごとや問題行動は、子どもからの何らかの訴え、サイン（合図）だということです。児童精神科医のカナー（カンナー）は、「入場券としての症候」と表現し、「医師の眼からみると、症状というものは、自分の興味をそそる入場券のようなものである」、「症状、すなわち子どもの問題というものは、ちょうど、この入場券のようなもので、それが問題なのではない。滅多に問題そのものをそれが指示しているようなことはない。だからこの入場券にこだわっていたのでは何ら有益な方針は出てこない」、「入場券、発熱、問題行動といったものは、それ自体に重要な意味があるのではないのであって、その裏に、芝居、病気、生活状況が隠されているから重大な意味を持つわけである」[3]と述べています。つまり、子どもの問題行動は、その子ども自身が困っている生活状況へと誘う入場券であるというわけなのです。カナーは、問題行動の捉え方として、「信号としての症状」、「安全弁としての症状」、「問題解決の手段としての症状」、「厄介物としての症状」と例を挙げて説明をしています[4]。

子どもの症状や問題行動は、時に、本人よりも周りの家族、学校の教職員、その他の子どもたちの方が困ってしまうこともあり、大人は、ついつい症状や問題行動に焦点を当ててしまいがちです。例えば、朝、お腹が痛くなるという症状や、人のものを取ってしまうという問題行動そのものに働きかけようとしがちになり、薬を飲んでよくなればそれで良いと思ってしまったり、物を取らないように厳しく怒って監視すれば良いと思ったりします。それらの症状や問題行動がなくなれば、解決すると思ってしまいがちです。しかし、その背景にある、子どもが本当に困っている生活状況が改善されなければ、別の症状や問題行動が生じることは、想像できるかと思います。ですから、症状や問題行動を呈する子どもたち自身が何かに困っている、何かのＳＯＳのサインである、という視点を持って、アセスメントや問題対処に臨むことが大切なのです。子どもの困りごとや問題行動の背景にあると思われる、子どもの訴えや子どもの本当の困り感をつかめるようにすることがアセスメントでは重要なのです。

アドラー心理学では、症状や問題行動に対して「目的論」の視点で考えます。子どもの症状、問題行動には、子どもが意識していようがいまいが、何らかの目的があると考えます。子どもが問題行動を起こしたり、症状を呈したりするのには、何らかの目的、訳があるのです。一体、どんな目的があって、そのような行動をとるのか、そのような症状が出るのか、このような視点で、子どもの行動を見ることが大切です。症状については、セーフガードの考え方もあります（詳しくは、本書付録を参照ください）。例えば、朝、学校に行こうとするとお腹が痛くなる子どもの目的は、苦手な学校に行くことから自分を守るためかもしれませんし、もっと家に居て、母親と過ごしたいからかも知れません。物を取るのは、自分に注目をして欲しいからかも知れません。このように症状や問題行動の目的を考えるアドラー心理学の視点は、カナーが述べているような視点と通ずる物があるのではないか、と筆者は感じております。

もう一つ、何か問題行動を起こしている、不適応行動・症状を呈している児童を見るアドラー心理学の大切な視点として、「勇気」の考え方があります（「勇気」、「勇気づけ」については、本書付録をご参照ください）。このような行動・症状が生じている児童は、「勇気をくじかれている」と考えるのです。自信がなかったり、傷ついていたり、「劣等感」を過剰に感じているのだ、と考えるのです。人は、自分の課題や、「劣等感」に対して、向き合ったり、克服、補償したりする方法を考えて対処する能力、「共同体感覚」を発揮する能力を兼ね備えているのですが、「勇気をくじかれている」状態であると、そうすることができない、と考えています。橋口は、「何らかの不適応行動が生じたさいにさまざまな「原因」を考えるが、アドラー心理学ではとにかく「勇気を発揮できていない」ことが唯一の原因だと考える。（中略）アセスメントではどこで「勇気が発揮できていないのかな」と見立てる」[5]と述べています。子どもの問題行動・症状の目的を考えつつ、問題行動・症状の背景にある子どもの困り感などを考え、どのように勇気がくじかれているのか、を推測していくことが大切なのです。

行動観察に必要な「目的論」の視点

筆者が、実際にSC活動でアセスメントに臨んでいる時には、先述したような、SC研修会での学び、学校心理学などからの学びに加えて、やはり、アドラー心理学からの学びが大いに役立っていると感じております。

先ほど、子どものアセスメントをする際に、当該児童の心理検査の結果や成育歴などの情報が、手元にあることの方が少ないということをお伝えしました。では、一体、どのような方法で児童に関する情報を集めて、アセスメントをすれば良いのでしょうか？　学校に来ている児童になら誰にでも行える方法があります。それは、行動観察です。学校という日常生活の中で子どもの様子が見られることが、SC活動の特徴であると同時に、強みであると前述させていただきました。学校に来ている児童であれば、子どもの学校での日常の様子を観察することができます。これが、とても貴重な情報なのです。とは言っても、闇雲に行動を観察していれば良いわけではありません。ですから、子どものどのような行動を、どのような視点から観察するのかがポイントとなります。繰り返しになりますが、アドラー心理学には、「目的論」、「対人関係論」の考えがあります（目的論や行動の捉え方、対人関係論などについては、本書付録をご参照ください）。アドラー心理学では、その人らしさは「動き」、つまり行動に表れると考えます。そして、この動きを社会的文脈の中で、具体的にいうと、対人関係の中で、「目的論」の視点で捉えることが必要だと考えています。つまり、ある子どもの行動は、誰に向けられた行動であるのか、どんな目的を持った行動なのか、を考えながら行動観察をするのです。筆者の経験から、この考え方は、児童の行動観察をするときには、とても役に立ちます。この考え方を知らなければ、筆者は、子どものどのような行動に着目して行動観察してよいのか分からず、戸惑ってしまうでしょうし、子どもの行動を表面的にしか見られないで終わっていたかもしれません。あるいは、気になる子どもの気になる行動にだけ着目し、それだけを切り取ってみてしまうかもしれません。さらに、アドラー心理学では、人の行動には一貫した流れがあると考えています。ですから、たとえ表面的には一貫性がないように思われる行動にも、「全体論」（全体論については、本書付録をご参照ください）の視点で見ると、共通の目標に向かった、共通の目的を持った一貫した流れ（法則）があると考えています。「目的論」、「対人関係論」、「全体論」の視点で人の行動を見ると、それぞれの行動の持つ意味が深まったり、繋がってきたりします。

行動観察をする場面は、実に様々あります。学習の様子を見るのであれば、授業中の行動観察はもちろん大切ですが、対人関係などを見るためには、休み時間の様子、登下校や、朝の会、帰りの会、帰りの支度や、下駄箱での様子、移動の最中などもとても良い機会となります。また、給食の時間など、授業中とは異なった様子が観察できるとても良い機会だと筆者は思っています。どんな場面でも、学習の場面や、子どもが他の子どもや先生達と関わっている場面は、その子らしさが垣間見られる貴重な機会だと捉え、筆者は、例え数分でも、その子どもについて何らかの情報が得られるはずだと考え、行動観察をしようと心がけています。

また、行動観察をする時の注意事項として、観察者の主観的な考え、偏見、思い込みをできる限り排除し、行動事態を客観的にみるということが大切です。SCも人間ですから、当然、主観的になりやすく、偏見や思い込みがあります。SCにもタイプがあると言う話は既に述べました。SCは、自分が、どのような偏見や思い込み、つまりアドラー心理学的に言うと「私的理論」（詳しくは本書付録をご参照ください）を持っているのか、日頃から確認し、注意しておくことも大切です。自分は、〇〇のように考えるクセがあるから気をつけよう、他の見方がないか考え直してみよう、と思えることが大切です。

不適切な行動の四つの目標（目的）

アドラー心理学では、子どもの問題行動を、不適切な行動と呼び（共同体感覚の視点から不適切ということ）、不適切な行動の四つの目標（目的）を説明しています。表1をご参照ください。ここでは、先述した子どもの困りごとや問題行動の全てを表しているわけではありませんが、主に大人（教職員や親）に対しての子どもの態度として良くある行動を挙げています。

表1　不適切な行動の４つの目標

子どもの誤った目標	子どもの目標	大人の気持ちと反応	大人が取りうる行動の選択肢	大人が行動を正そうとした時の子どもの反応
注目されたり、対応したりしてもらった時にのみ、所属している。	注目	気持ち：イライラする。反応：気づかせよう、説得しようとする傾向がある。	可能であれば、問題行動を無視する。子どもが注目してもらおうと行動していない時には、ふさわしい行動に注目をする。過度に構わないようにする。気づかせようとすること、罰を与えること、ご褒美をあげること、説得しようとすること、構うことは、過度な注目であることを理解する。	一時的に誤った行動を止める、あるいは、別の方法で悩ませようとする。
自分が支配している、ボスである時に、あるいは自分は誰の言うこともきかないと証明した時にのみ、所属している。	権力	気持ち：怒り、まるで自分の権力を脅かされたように感じる。反応：闘う、あるいは降参する。	権力争いを止める。子どもの助けを求め、協力を求めながら、子どもがどのように力を建設的に用いるべきか、分かるように援助をする。闘ったり、降参したりすることは、子どもの権力への欲求を強めるだけであることを理解する。	積極的あるいは消極的な攻撃的問題行動が増長される。あるいは、子どもは「反抗的なコンプライアンス（遵守)」を出す。

自分が傷ついたと感じたのと同じくらい他者を傷つけた時にのみ、所属している。自分は愛されない。	復讐	気持ち：ひどく傷つく。 反応：報復してしまう。お互い様だと思う傾向がある。	傷つくことを避ける。罰を与えること、報復を避ける。信頼関係を築く、自分が愛されていると子どもに自信を持たせる。	問題行動が増長されるようにさらなる復讐を試みる、あるいはそれ以外の武器を選択する。
他者が自分に何も望んでいないと確信を持てる時にのみ、所属している。誰も自分を助けてくれない。	無気力を誇示する。	気持ち：絶望する。望みがない、「諦めた」感じ。 反応：子どもが何もできないことに賛成する傾向がある。	批判することをやめる。肯定的な試みはすべて勇気づける（それがどんなに些細なことであっても）。長所に焦点を当てる。さらに、憐れみにはまってはいけないし、諦めてはいけない。	受身的に反応してしまう。子どもがすることに反応することに失敗してしまう。改善が見られない。

（文献）

Don Dinkmeyer Jr., Jon Carlson, & Rebecca E. Michel, *CONSULTATION, Creating School-Based Intervation, 4th edition,* Taylor & Francis, 2016, p.48

表には、行動の種類と目標（目的）、その不適切な行動に接した大人（親、先生など）が持つ感情、つい行いがちな大人の反応などが書かれています。そして、どのような行動を取ることが望ましいのか、取るべき行動の選択肢も書かれています。また、大人が子どもの行動を正そうとした時に起こりがちな子どもの反応も書かれています。子どもの行動からだけでは、四つの行動の目標（目的）のうち、どれだかよくわからない場合には、それに関わる大人がどんな気持ちになるのか、または行動をやめるように伝えた場合、子どもがどんな反応をするのかで、行動の目標（目的）を判断できることもあります。また、「所属している」という表現は、自分がある集団に属しているとか、ある集団で自分の存在を感じることができる、というような意味だといえます。

それぞれを簡単に説明します。まず、一つ目の行動の目標(目的)は、「注目」されることです。これは、自分がある行動をすることで、先生や友達の注意関心を引くことを目的としています。簡単に表現すると、「構って欲しい」ためにする行動です。静かにしていなければいけない場面で話し出したり、わざとみんなと違う行動をしたり、ということが挙げられます。筆者の経験では、小学校低学年によく見られる行動ではないかと思います。自分の行動が、その場にふさわしくないことを知らない場合もあります。可能であれば、不適切な行動には反応せずに、ふさわしい行動を伝え、ふさわしい行動をした時に、注目することが大切です。

二つ目の行動の目標(目的)は、「権力」争いをすることです。このような子どもは、大人から見ると、概して反抗的に感じるでしょう。自分が思うようにしたい、支配したい、大人の言うことなんて聞きたくない、自分の方が優っていると伝えたいのです。このような子どもは、日常生活で何らかの理不尽さを感じている可能性があります。日頃、自分の意見、気持ち、思いなどに、充分に耳を傾けてもらえなかったり、「いいから言うことを聞きなさい」、と言うような対応をされているのかも知れません。大人は、権力争いをやめ、子ども本人の意見、気持ちを聞いた上で、信頼関係を築きつつ、共同体感覚を発揮できる方向で、学級内でその子どもの力を発揮できる役割を与えることなどが大切だと思われます。

三つ目の行動の目標（目的）は、「復讐」をすることです。このような子どもは、かなり傷ついていると考えられます。自分が傷ついているように相手を傷つけたい、自分は愛されていないと感じている、本当は人から愛されたいと言う訴えだと考えられます。このような態度が学級担任の先生に対して見られた場合、学級担任の先生がとても傷つくことになります。このような状態の子どもは、本当は相手から愛されたくて仕方がないのですが、自分が何をしても愛された経験がほとんどないため、取るべき適切な行動を知りません。このような子どもに接する場合は、専門家に介入してもらうことも必要だと考えられます。大人は、子どもに対してあなたを愛していると言う態度を示すことが大切です。

四つ目の行動の目標（目的）は、「無気力」を示すことです。このような状態の子どもは、何に対してもやる気が感じられません。例えば、宿題をやってきませんし、授業中に課題に取り組むこともしません。周囲の大人は、この子どもは怠惰だと感じるかもしれませんが、子どもは、課題に取り組む余裕もないほど、勇気をくじかれていると考えられます。本当は、とても困っていることがあるのですが、困っている自覚がない場合もありますし、そのことと、今の自分の「無気力」が繋がっていることに本人が気づいていないこともあるでしょう。子どもの困り感に寄り添い、勇気づけることが大切です。

以上の四つの行動に加えて、中学生、高校生くらいの子ども（ティーンエイジャー）に見られる不適切な行動の目標（目的）として、次のことも挙げられています。

●「興奮」すること（社会的規範から逸脱するような行動、例えば、飲酒、薬物の乱用、淫らな性交渉などをしている時に、存在していると感じられる）

●「広く仲間から受け入れられる」こと（常に、仲間から受け入れられるための行動をする。例えば、仲間に受け入れられたくて、万引きをしてしまうなど）

●「優越」すること（自分が何においても、誰よりも優っているという、他者を見下すような態度をとる）[6]

筆者の経験から、中学生、高校生くらいの年頃ではなくとも、「広く仲間から受け入れられる」ための行動は、小学生にも見られるのではないか、と思われます。また、「優越」するための行動も、それほど強くなくても、他の児童や大人を見下すような態度として見られる場合もあるのではないかと思われます。

繰り返しになりますが、アドラー心理学では、このような不適切な行動を示す児童は、実は、「劣等感」を抱き、勇気をくじかれているために、「劣等感」をうまく克服ができないでいる状態にあると考えます。そのため、「共同体感覚」を発揮できる方向に行動することができずに、不適切な行動を示しているのです。このような子どもに接する時は、行動の目的を考えた上で、表面に現れている不適切な行動の背景で、子どもが何に困っているのか、どんな「劣等感」を抱いているのかを考えるような視点で関わっていくことが非常に大切です。

子どもの不適切な行動の目的の例を挙げて見てみましょう。ここで挙げる例は、個別の事例ではなく、良くある典型的な架空事例であることをご了承ください。

授業中に勝手に発言する児童

授業中に、先生に何度も勝手な発言をしないように言われているのに、「先生、〇〇じゃないんですか?」などといつも聞いたり、「それは、〇〇です」などと指されないのに答えてしまったり、勝手に発言してしまう児童がいます。課題をやっていて分からなくなると、「分からない!」と言い出すこともあります。このような児童は、よくみられると思います。先生がほかの児童のところに行ったり、自分から離れたりしようとすると、発言することもあります。この場合は、先生から「注目」してほしいのかもしれません。SCが近づいたら、それで構ってもらえたと満足する児童もいれば、学級担任の先生でないと満足しない児童もいるでしょう。このような場合、子どもの反応で、誰の注意を引きたいのかが、よく分かります。

「こんな問題、できるわけないだろ、ふざけんな」、「面倒くさくてやっていられない」と言うような発言が多ければ、それは、「権力」かもしれません。自分は先生の言うことなんて聞かない、と言うことを伝えているのだろうと思われます。

授業や先生に文句を言うくせに、その児童が教室を出ていかないのであれば、そのような態度は先生や他の生徒に向けられたメッセージなのだろうと思われます。

暴れる子ども

筆者は、嫌なことがあって気持ちが収まらずに、ある種のパニック状態になっている子どもに対応することがよくあるのですが、行動の目的や誰に向けられた行動なのかを考えされられる経験をよくしています。ある子どもが、学級担任の先生に自分の気持ちをうまく理解してもらえなかったことに腹を立てて、大声で騒ぎ始めた、としましょう。学級担任の先生は、クラス全体の指導があるので、騒ぎを聞きつけた別の先生がこの児童の対応をしました。あまりに騒ぐので、他児童の迷惑になると相談室に連れてこられました。先生数名とＳＣとが色々働きかけてみましたが、児童は落ち着くことがなく、大声を出す（「帰りたい」、「ずるい」などと叫ぶ）、机、椅子、棚を蹴るなどの大騒ぎをして、三十分以上が経ちました。こういう場合の行動の目的は、「復讐」になるのかもしれません。自分の意見、気持ちが受け入れてもらえずに傷つけられているのだから、私は周りを傷つける、という感じなのでしょうか。その後、学級の指導が終わった担任の先生が、ようやく相談室に現れて、児童に話しかけると、児童はそれに応じ、話し始めました。ほかの先生には話そうという素振りさえ見せませんでしたが……。すると、五分後には、大騒ぎは収まり、結局、その児童は笑顔で帰宅しました。このようなことがあれば、この児童の大騒ぎは、学級担任の先生に（ほかの先生ではあまり意味がない）何としても自分の気持ちを理解してもらいたいための行動、担任の先生から受け入れてもらいたいための行動だと理解することができます。

先生にいつも怒られている子ども

ＳＣがある児童と相談室で過ごしていたとします。この児童は、場面を考えずに先生に言いたいことを言うこと、授業中に自分の好きなことをやること、自分の言い分が通らないと友達と喧嘩になることなどが多く、行動面の問題が目立つ児童です。授業中に、課題に取り組めず、先生の言うことをちっとも聞かないので、担任の先生から相談室で落ち着いてきてはどうかと言われ、渋々、相談室に初めて来室しました。ＳＣはその児童のことは聞いたり、観たりして知ってはいましたが、相談室で、二人で過ごすのは初めてでした。その児童は、初めは、「なんでこんなところに来なくちゃいけないんだ、教室がいい……」など、ブツブツと言っていましたが、相談室に色々なものがあるのでそれに気を取られ始めました。ＳＣのことを横目でチラチラみながら、わざとものを投げたり、乱暴に扱ったり、ＳＣに乱暴な言葉（「おばさん」、「ババア」など）で話しかけたりしています。ＳＣは、その子どもからの問いかけに、〈へぇ、そうなんだ〉などと、適度に反応しながら、本人の行動には、あえて大きな反応を示さずにいました。しばらくすると、反応が少ないＳＣの態度にたまりかねたのか、その子どもが、「ねぇ、先生は、何をしたら怒るの？」と聞いてきました。

ＳＣが、〈○○さんは、何をしたら先生が怒るのかが気になるんだね〉というと、「うん、そうだよ。僕はいつもそういうことが気になる……」。それで、先生は何をしたら怒るの？」。このような率直な質問をしてくれる子どもは少ないでしょうが、この子どもは、怒られることで、注目をされたいことがわかります。〈もしかして、○○さんは、教室でいつもいっぱい怒られているの？〉というと、「うん、僕が一番怒られている！」と答えます。まるで、怒られていることで一番になることを目指しているかのようです。

授業中、やる気のない子ども

担任の先生から、「最近、全然、宿題を出さない子がいます。怒ったら、固まってしまって、授業中も何もしないで、ぼーっとしています。どう関わったら良いのか分からなくて……。お時間あったら、話を聞いてもらえませんか?」という依頼を受けたとしましょう。授業中の様子を観ると、確かに、机の上に伏せている時間が多く、ノートを書く様子もほとんど見られません。SCが声をかけても、顔を伏せてしまいます。その後、先生に言われて相談室に来ても、何やら覇気がなくてぐったりしています。しばらく何気ない、普通の話をしたあとに、〈ところで、先生から、宿題をやれていないって聞いたのだけど……。〇〇さんの授業中の様子を見ていると、なんだか、疲れているように見えるのだけど、疲れるようなことがあるんじゃないの?〉と聞くと、SCの顔をしばらく見てから、「うん、最近、眠れてなくて……」と答えました。よく話を聞いてみると、家庭が落ち着かなくて、家で宿題をする環境には適していないことがわかりました。「もう、家で宿題やるなんて、絶対に無理なんですよ」、「先生にはそんなこと言えないし、でも宿題やってないから怒られるし。それで、授業中も何もする気が無くなっちゃう、どうせできないし……」、「学校でやろうと思っても、やる気が起きなくて……」。このような子どもたちは、自分が困っていることを、「無気力」を示すという行動で伝えています。今の状況であることを諦めています。自分の力でどうしてよいのか分かりませんし、どうせできないし、誰も助けてくれない、と言う状態にいるのです。決して、ただサボっているわけではないのです。頑張ろうとする勇気がくじかれているのです。

人の行動を目的論の視点で捉える利点

子ども（人）の行動を目的論の視点で捉えると、原因論のみで見た場合に比べ、問題解決、問題対処へのヒントが見つかりやすいのが特徴と言えるでしょう。原因を探ることも、もちろん大切ですが、原因論で考えられた原因は、取り除けないことも多いです。目的論では、人はある目的に向かって行動をしています。そして、人の目標・目的を突き詰めて考えてみると、元々は、決して悪い目標・目的ではないと考えます。ただ、目標・目的を達成するための方法（行動）が望ましくないことがあり、これが不適切な行動となっていると考えます。

例えば、先生に攻撃的な態度をとる児童を考えてみましょう。原因論的に捉えてみた時に、この児童の家庭環境が虐待に近く、児童が愛されて育っていない、ことが分かったとしたら、この児童が先生に攻撃的な態度をとるのは、「愛されて育ったことがないから」となるでしょう。

一方、目的論で考えると、目標は「復讐」です。これは決して良い目標とは言えません。これを突き詰めて考えて見るとどうなるでしょうか。「復讐」する目的は何かと考えてみます。復讐する目的は、自分が傷ついていると相手に示すため、さらには、そんな自分を愛して欲しいということを示すため、となります。「自分が傷ついていることをわかってほしい。愛して欲しい」という目的は、人として悪い目標、目的ではありません。

この児童の問題行動に対処することを考えてみましょう。原因論では、この児童の行動は、「愛されて育ったことがないから」ということになりかねません。原因論のみで考えた場合、「愛されて育ったことがない」という原因を変えることは難しいです。虐待に近い家族に、すぐに、子どもに愛情深く関わってもらうことは困難です。「愛されて育ったことがないから」この児童が問題行動を起こすのは仕方がない、ということになります。

一方、「目的論」の視点では、この児童の行動は、「自分は傷ついていることを分かって欲しい。愛して欲しい」という目的があっての行動だということになります。大人は、このような目的を持った児童にどう関われば良いのでしょうか。自分がその子どもの辛い状況を理解している、その子どもを愛しているというのが伝わる行動を心がけてみます。そして、その子どもには、「自分は傷ついていることを分かって欲しい。愛して欲しい」という目的を達成するための行動として、先生に攻撃的になることより、より相応しい行動が取れるように働きかけてみます。例えば、学校で先生たちがその子どもに勇気づけの態度で関わりながら、自分の辛い環境や辛い気持ちを先生に話すようになる、自分のイライラを攻撃する以外の方法で収めるなどの方法を伝えてみます。子どもの行動がすぐに変わるとは限りませんが、「仕方がない」と何も対応をしないよりも、その子どもに働きかけることで、少しずつ子どもの行動が変わってくると思われます。また、クラスで何らかの役割や仕事を与えることもできます。人と協力して何かをすれば、人から感謝されることを学ぶことができます。このような経験を通じて、自分が人の役に立てる、貢献できると思えるようになれば、徐々に自信や勇気が持てるようになり、さらには、ある程度の時間はかかるかも知れませんが、共同体感覚の育成、発揮につながると思われます。

このように、「目的論」の視点で考えると、子どもの問題行動に対処するヒントが見えてきます。表1の取るべき行動の選択肢には、子どもの問題行動に対する対処のヒントが書かれています。これに従って考えると、先述の典型例に対しても、問題対処につながる周囲の大人の対応を考えることができます。ここが、原因論のみで考えるよりも、目的論的視点を持って考えた時の利点だと思われます。

子どもと関わることからの情報収集

ＳＣは、学校の教職員の方々の計らいや保護者の許可を得た上で、先述したような困りごとがある子どもや問題行動を呈する子どもたちと、直接関わったり、話したりできることがあります。また、学力面で気になる児童についても、授業以外で、詳しく学習場面を見させてもらうこともあります。学校での子どもの日常生活を観ながら、すぐに関わることができること、これもＳＣ活動の特徴の一つだと思います。これは、子ども自身をアセスメントする上では、とても良い機会です。ですから、ＳＣは子どもに関わる機会をもらったら、子どもが一体どんなことに困っているのか、子どもの不適切な行動とその目的も考え合せながら、話が聞けるように極力努力をします。ただ、無理に聞き出そうとすれば、それに気づいて話してくれない子どももいます。ですから、筆者は、子どもに接する時には、いつもある程度、緊張しています。子どもによっては、とても緊張することもあります。そんな場合は、子どももよく知らない相手と話すことに、とても緊張しているだろう、ということと、例え子どもが話したくない、という態度を示しても、きっと本当は自分のことを理解して欲しい気持ちがあるに違いない、ということを忘れないように心がけています。ですから、筆者は、子どもと関わる際には、自分の緊張を自覚しつつも、まずは子どもに安心してもらえるように働きかけ、例え子どもがあまり話さなかったとしても、少しでも勇気づけられることを心がけています。

子どもと直接面談できた時には、子ども自身が今、困っていることは何か、学校、クラス、友人、家族などについてどう思っているのか、などを中心に話が聞けるように心がけています。子どもの置かれている状況が大変そうであれば、そんな大変な状態でよく頑張っているね、と伝えることにしています。

アドラー心理学には、「ライフタスク」（人生の課題）の考え方があります（詳しくは本書付録を参照ください）。その人が、人生において、今、どのような課題に直面しているのか、を推測します。「アドラー心理学では、「ライフタスク」を、主に３つに分けて考えます。一つ目は、「仕事のタスク」で、これは、学校や仕事における課題のことです。子どもで言えば、学校の先生との関係、学習、委員会活動、部活における課題になります。二つ目は、「交友のタスク」で、これは、友人関係における課題のことです。子どもで言えば、学校内外での友達関係における課題になります。三つ目は、「愛のタスク」で、異性や家庭における課題のことです。子どもで言えば、小学生ではあまりないかも知れませんが、異性との付き合いや、その子どもの家庭における課題になります。その子どもがどのタスクにおいて、どのような課題に直面していて、つまずいているのか、を推測することが大切です。人は、一つのタスクで課題が生じている場合もあれば、複数のタスクで課題が生じている場合もあります。例えば、本人が、「教室に居づらい」と訴えた場合には、学校における「仕事のタスク」に課題があるのではないか、とまず推測しますが、全体論の視点で、「仕事のタスク」だけではなく、他の二つのタスクでも何らかの課題があるのかも知れない、と考え、三つ全てのタスクで、その子どもに課題が生じていないかどうか、という視点で子どもに関われることが大切だと思われます。

行動観察以外の情報収集

行動にその子らしさが現れますが、行動観察にいった場合、ＳＣは目の前の行動だけをみているわけではありません。小学校では、学習の習熟度や生活態度などについても行動観察することが大切です。行動そのものを見るのではなくて、当人の行動の結果、生じている状態についても目を向けてみましょう。具体的にいうと、机の周り、ロッカーなど持ち物の管理の状態であったり、教室内外に掲示されている、子どもたちの作品だったりします。

筆者は、例えば、次のようなものを観察しています。

●机の周り、持ち物の管理状態（ロッカー、荷物かけ、下駄箱など）
●筆箱、ノート、連絡帳など（中身、外観）
●持ち物、服装の状態
●掲示されている作品や作文など

ＳＣは一度教室に入ったら、様々なものにアンテナを張っておくことが大切です。その一方で、あまりにたくさんの情報があるので、その子どもを理解するためには、どこに着目して良いのか分からなくなってしまうこともあるかと思います。伊藤は、「日常的な接触などの機会が多いだけに、活用の視点がないと、ただ雑音のように流れていってしまう[7]」と述べています。つまり、どんな目的のために情報を得ているのか、情報をどんな目的に使用しようと思っているのか、を念頭に入れておくことが大切です。また、安江は、「何をアセスメントするか」より、「どうアセスメントするか[8]」に焦点を当てたアセスメントについて述べています。学校にはいっぱい情報があるとは言え、ＳＣは学校にいる時間が限られています。ですから、「どうアセスメントするか」（例えば、行動観察する、面接する、など）も大切になってくるのです。

どんなことを知るために、どんな情報を活用するのか、そのためにどうアセスメントするのか、ＳＣ自身も目的意識を持って活動することが大切だと言えましょう。

保護者との面談からの情報

子どもの困りごとや問題行動について、子どもの保護者と面談できることもあります。保護者自身から面談にきてくれる場合もあれば、担任の先生から保護者にＳＣ面談を勧めてもらい、保護者が面談に来てくれる場合もあります。面談ができれば、保護者が子どもの困りごとや問題行動についてどう思っているのか、困りごとや問題行動はいつから見られるのか、家庭での様子はどうなのか、などを聞くことができます。家庭で困っている場合もあれば、家庭ではそれほど困っていないという場合もあります。また、成育歴やきょうだい関係、両親と子どもとの関係などを聞くこともできます。保護者からの情報を得た上で、改めて子どもを観てみると、子どもについて新たな視点が持てることもあります。

次章の問題対処のプロセスで詳しくお伝えするのですが、問題対処の場合、問題解決につながるようなリソース（資源）を探して活用する、ということが大切になります。先述しましたが、その子どもについて一番詳しい専門家は保護者です。そして、子どもの問題対処について、最も、大切なリソースの一つとなり得るのも保護者なのです。上野は、「もっとも頼りになるのは保護者です」と表現し、「学校でＳＣ活動をしていて、教職員を除けば、一番連携を取るのも頼りになるのも保護者です」と述べています。また、「養育能力が乏しく、子どもに関心が薄くとも、それまで育ててきた努力は認められて良いと私は思います」(9)とも述べています。ですから、保護者と面談する際には、子どもについての情報にだけ着目するのではなく、保護者の子どもに対する態度を尊重しつつも、保護者が子どもの問題について、どのようなリソースであるのか、今後どのように連携、協力できそうなのか、についてもアセスメントすることが大切です。

また、ここでは詳しく述べませんが、心理検査の結果に限らず、必要に応じて可能であれば、市区町村の教育相談や福祉関係の担当者、医療機関、その他民間機関などと連携して必要な情報を共有することもあります。

また、すでにお伝えしましたが、保護者、家庭の安定が子どもの安定につながることがよくありますし、保護者と子どもの関係がよりよくなることは、どの子どもにとっても望ましいことですから、必要に応じて、保護者との面談が継続できるように働きかけることも大切だと、筆者は考えております。

心理検査からの情報

心理検査を受けている子どもは少ないのですが、心理検査を受けていて、可能であれば、その結果内容を共有しておくことも大切です。心理検査の結果と学校でのその子どもの様子が一致するのか、一致しないのか、も大切な視点です。また、何が得意で何が苦手なのかを検査結果から理解することも大切です。苦手なところには、支援が必要ですし、得意なところは、勇気づけすることができます。

SCは心理検査の結果を、その子どもの実態に照らし合わせ、どのように理解すれば良いのかということを、教職員や保護者に伝えることがあります。検査を受けた機関から、保護者が結果を聞いていることがほとんどなのですが、専門家以外の方が、一度結果を聞いただけで理解することは難しいです。教職員も、保護者が持ってきた検査結果の書面から内容を理解し切れることはなかなかありません。ですから、筆者は、保護者や教職員に、検査結果の内容を、筆者なりにできるだけ詳しく、具体的に説明することを心がけています。この時は､子どもができないことばかり伝えるのではなくて、問題解決につながるような、その子どもの長所と思われる面もきちんと伝わるように説明することが大切であると、筆者は思っています。自分が観たり、関わったりした子どもの実態と照らし合わせながら、心理検査からの情報を勇気づけや問題解決に役立てるということです。

また、本書では詳しく述べませんが、心理検査の結果に限らず、必要に応じて可能であれば、市区町村の教育相談や福祉関係の担当者、医療機関、その他民間機関などと連携して必要な情報を共有することもあります。

情報をまとめ、仮説を立てるときに必要な「ライフスタイル」の視点

さて、行動観察、教室などからの情報、子どもや保護者との面談、心理検査の結果など、子どもに関するたくさんの情報を集めることができたら、次には、それらを活用できるようにまとめることが大切です。まとめる目的は、主に教職員と情報共有をして、問題対処へつなげることです。ただ、見てきたことを伝えるだけなら、ＳＣでなくても出来るかもしれません。ＳＣは、子どもの実態、子どもを取り巻く環境、子どもが直面している課題などがわかるように、情報をまとめて、分かり易く、教職員や保護者の方々に伝えることが求められているのです。

本章の最初に、ディンクマイヤーの引用をしましたが、その中で、コンサルタントが、この理解（人の行動についての理解）を他者に正確に伝えるのに役立つ手順があることが良いコンサルテーションの理論だと述べていました。アドラー心理学には、ＳＣが子ども（人）の行動について理解したこと

をまとめるのに、とても役立つ理論、「ライフスタイル」の理論があります（詳しくは、本書付録をご参照ください）。「ライフスタイル」は、その人の行動、思考、感情のパターンの総称で、人の動きの法則です。人の行動は、全体論的に捉えると、矛盾せず、必ず一貫した流れがあると考えます。そして、この一貫した行動の流れは、目標、目的に向かって流れているのです。ライフスタイルは人生の目標を達成するためのパターン、指針、法則なのです。

そこで、得られた様々な情報から、全体として矛盾しない「ライフスタイル」を推測していくのです。「ライフスタイル」の中には、行動のパターンだけではなくて、思考や感情のパターンや、その人の「私的理論」、「劣等感」なども含まれます。繰り返しになりますが、アドラー心理学の理論では、学校で問題を呈している子どもは、勇気をくじかれ、「劣等感」をうまく乗り越えることができていない子どもです。ですから、得られた情報から、どのような「劣等感」を持っているのか、それを乗り越えることに、どのような「ライフタスク」でどのようにつまずいてしまっているのか、「共同体感覚」はどの程度育っていて、どの程度発揮できているのか、などについても推測できることが大切です。さらには、「ライフスタイル」の中に、強み、長所、つまり課題を解決できる力になりうるリソース（資源）についても推測できることも大切です。

筆者は、残念ながら、アドラーのように、すぐに人のライフスタイルが分かるほどの才能や観察眼を持ち合わせたSCではありません。ですから、人のライフスタイルを断定できる勇気はありません。「不完全な勇気」を持って、分からないことは分かりません、と伝えることにしています。一回の行動観察から分かることは限られており、その子の「ライフスタイル」のほんの一部です。一回の面談から理解できることも限られています。また、次回、その子と関わったり、行動観察をしたりしたら、パズルのピースを埋めていく様に、導き出される仮説をつなぎ合わせていけば良いのだと思います。ですから、筆者は自分の立てた仮説については、それで合っているのか、他の見方はできないのか、などと考えながら必要に応じて、いつでも追加、修正しています。教職員やその他の専門職の方々に、ＳＣがアセスメントした内容をどのように伝えるのか、どのように情報共有するのかについては、第5章で説明致します。

まとめ

本章では、ＳＣ活動の主要なプロセスであるアセスメントにおいて、どのようにアドラー心理学を活用するのかについて説明をしました。アセスメントは、個別性の高いプロセスです。対象になる児童やケースに応じて、柔軟かつできるだけ迅速に情報を集めて、問題対処のためのアセスメントをしなくてはなりません。学校では色々な情報が、雑多にあります。子どもや保護者と面談すれば、さらに情報が増えることになります。情報がたくさんありすぎると、時に、情報に埋没してしまうことがあるかもしれません。そもそも何を目的に、何のためにアセスメントをしていたのかも分からなくなってしまう場合もあるかもしれません。だからこそ、アセスメント活動にあたり、ＳＣ自身が、アセスメントをする目的やアセスメントをまとめるための理念や理論、方針を持って、活動していくことが大切だと筆者は感じています。

第1章でもお伝えしましたが、アドラー心理学では、子どもの教育に対して、しっかりとした理論があります。第1章の内容と重複しますが、子どもが困りごとを抱えたり、問題行動を起こしたりした場合、アドラー心理学ではどのように考えるのかを、図1にしてみました。

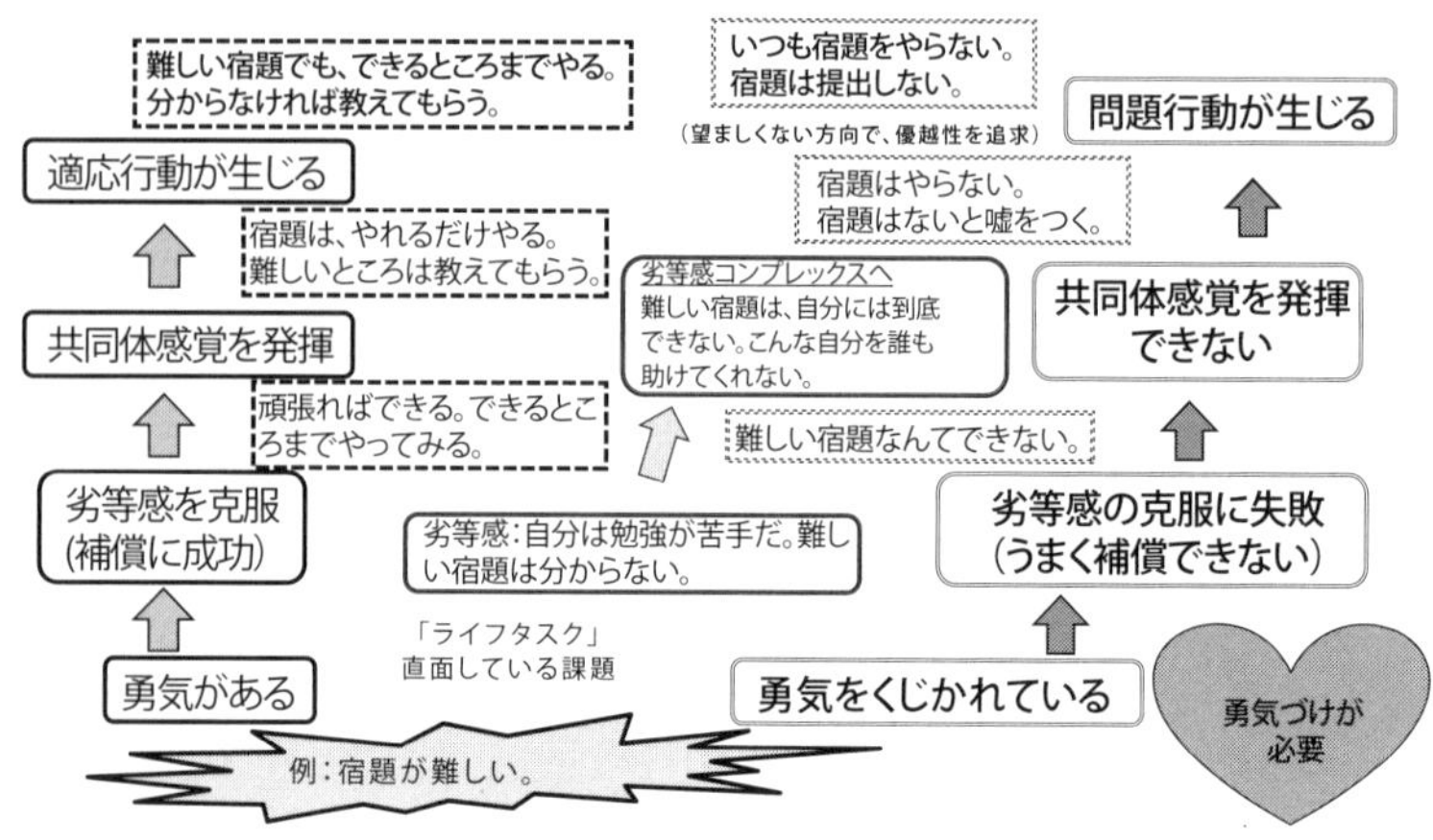

図１　アドラー心理学の基本的な考え方

学校では、様々な視点で子どもを見て、理解することが求められます。一般的なアセスメントでは、例えば、対象の児童に関する情報を集め、身体面、学習面、生活面などの視点からまとめることをします。アドラー心理学の視点では、一般的な視点に加えて、その子どもが、どのような「劣等感」を持っているのか、それらの「劣等感」をうまく補償・克服できているのか、「共同体感覚」はどの程度育まれ、発揮できているのか、どのように勇気をくじかれてしまっているのか、なども推測していきます。そして、子どもの全体的な「ライフスタイル」が理解できるように心がけ、どのような「ライフタスク」（人生の課題）に子どもが直面しているのか、つまずいているのかについて推測し、さらに、このライフタスクを乗り越えられるリソースについても推測していきます。

筆者は、このように煩雑で複雑になりやすいＳＣ現のアセスメント活動に、アドラー心理学の理論、思想や要素を活用することで、子どもを見る視点や目的をよりしっかり持て、より子どもを理解しやすくなり、次章で説明する問題対処につながるようにアセスメントをまとめやすくなったと感じております。

【文献】

（1）Don Dinkmeyer Jr., Jon Carlson, & Rebecca E. Michel, *CONSULTATION, Creating School-Based Interventions, 4th edition*, Taylor & Francis, 2016, p.44

（2）村瀬嘉代子監修、東京学校臨床心理研修会編、『学校が求めるスクールカウンセラー――アセスメントとコンサルテーションを中心に』、遠見書房、二〇一三年、四四頁

（3）レオ・カンナー著、黒丸正四郎、牧田清志共訳、『児童精神医学』、医学書院、一九七四年、一五一～一五二頁

（4）（3）、一五二～一五五頁

（5）八巻秀編、「学校で活かすアドラー心理学」、子どもの心と学校臨床　第一四号、遠見書房、二〇一六年、一七頁

（6）（1）、pp.50 -51

（7）伊藤亜矢子編、「学校のアセスメント入門」、子どもの心と学校臨床　第一八号、遠見書房、二〇一八年、三～四頁

（8）（7）、四八頁

（9）（2）、一四七頁

第５章　問題対処、連携に活かすアドラー心理学

アセスメントから問題対処、連携へ

本書はじめにでは、アドラー心理学が活用しやすいわけとして、問題対処にＳＣとして必要な指針と姿勢を明確に示している点を挙げました。本章はこれに関連した内容になります。

第４章では、アセスメントや、集めた情報から見立てをする時に活かせるアドラー心理学の要素についてお伝えしました。本章では、アセスメントや見立てを教職員など関係者に伝え、対応策を考える問題対処の過程、問題対処で必要不可欠となる教職員を始めとする他職種との連携に活かせるアドラー心理学の要素をお伝えします。アセスメントや見立てを伝えることと、対応策を考えることは、連絡会議、ケース会議、あるいは会議とまではいかなくとも情報共有の場で、同時に行われることがほとんどだと筆者は感じています（繰り返しになりますが、そもそもアセスメントは、問題対処、対応策を考えるために行うものです）。そこで、本章では、教職員を始めとする関係者とアセスメント・見立ての情報共有をすることから問題対処として扱います。また、小学校での問題対処では、教職員を始め、他職種との協働・連携が必要不可欠になる場合が非常に多いです。ですから、本章では、問題対処および協働・連携に活かせるアドラー心理学の要素についてお伝えします。第４章の冒頭で、

実用的なコンサルテーション理論には、実践につなげるための方法について機能的な知識があることが大切であるという話をいたしました。アドラー心理学の要素が、SC現場において実践的な問題対処、連携での実践に役立つことをお伝えできればと思っております。

問題対処過程、協働・連携で大切なこと

上野は、臨床心理士が他の専門職との連携で困難と思われる場合の理由として、自分の能力や知識の不足、心理職の役割の不明確、連携や協働のための体制が整っていない、と大きく三つを挙げた上で、連携するための留意点として、「見立てをきちんとしましょう」、「連携する人々と共通認識を持ちましょう」、「SCはいつでも勉強です」という三点を挙げています。[1] この記述の、「見立てをきちんとしましょう」については、第4章でお伝えしました。「SCはいつでも勉強です」については、SC活動全般について言えることで、SCは謙虚な姿勢、ケースから学ぶ姿勢を持って、活動に従事することが大切であるという意味だと思われます。「連携する人々と共通認識を持ちましょう」ということが、問題対処、協働・連携の過程で大切な部分になってくると思われます。ここでは、筆者なりに教職員やその他、連携する人たちと共有認識を持ち、うまく協働・連携できるために活かせるアドラー心理学の要素について説明いたします。筆者が考える、大切な点を次に挙げます。

①アセスメント、見立てを教職員に分かりやすい表現で伝えること。

②子どもの課題を伝える際には、課題解決につながるリソース（子どものリソース、家庭のリソース、学校のリソースなど）も併せて伝えること。

③共同体感覚の育成と発揮というアドラー心理学における子どもの教育の目標を、具体的な目標に置き換え、それを達成するための対処案を考えて提案する。

ここでは、例を三つ（架空例Ａ、Ｂ、Ｃ）挙げて説明します。これらの例は、特定のケースではなく、典型的な内容を架空の例として挙げておりますことを、予めご了承ください。

まず、一つ目の「教職員にわかりやすい表現で伝えること」ですが、これは小学校の現場だけではなく、他の臨床現場においても、対象者の理解を共有する上で、心理臨床の専門家以外にも伝わる分かりやすく、具体的な表現で説明することは、心理臨床家の大切な心構えの一つだと言えるでしょう。第４章で、得られた情報をアドラー心理学の「ライフスタイル」の視点でまとめることや、得られた情報から、どの「ライフタスク」で課題に直面しているのか、「劣等感」、「共同体感覚」、勇気がくじかれているかどうか、という視点で子どもを見ていく、ということをお伝えしました。まとめる際に、アドラー心理学の理論、考えなどを用いることは、対象児童を理解するためにはとても有益です。しかし、アドラー心理学の用語をそのまま用いて、教職員に伝えて、児童に関する理解を共有できるわけではありません。

架空例Ａ　クラスで無気力を誇示しているように思われる児童Ａさん

Ａさんのアセスメント、見立てを伝える際に、「無気力の誇示」とか、「ライフスタイル」の自己像が「私は何もできない」、「私は誰にも助けてもらえない」、ベイビーの要素が強い、などと説明しても、理解してもらえること、伝わることの方が珍しいでしょう。

筆者なら、例えば、次のように教職員に伝えてみます。「この児童は、好きでサボっているわけではなくて、何をやっても自分はダメだ、できる気がしない、と思っているし、ものすごく自信がないのだと思います。どういう訳でそのような状態になったのか、それはまだわかりませんが。そういう状態を取り組まないという行動で表現することで、特別扱いしてもらおうとしているように感じます。本当は、何か良いことで特別扱いしてもらえたら良いのでしょうが、自分にはそれができそうもない。だから、やる気が起きないという状態なら、他の児童よりも優ることができるのです。もっとも、本人にはそのような自覚はないかもしれません。やる気を見せないから仕方がない、とこちらが特別扱いすると、本人はこれで良いのだと思ってしまい、やる気を見せないことが続いてしまうと思います」

勇気がくじかれている様子、「共同体感覚」が発揮する方向にではなく、望ましくない方向に、自分が優っていると優越性を追求している様子（優越性の追求については、付録をご参照ください）を、筆者なりに分かりやすい表現で伝えるように心がけています。

架空例Ｂ　学校での様子と、家庭での様子が著しく異なる児童Ｂさん

学級・学校では、大人しく真面目でほとんど問題を感じられないＢさんは、実は、家庭では、自分の思い通りにいかなかったり、疲れたりすると、感情的になって暴れたり、乱暴な言葉を親に言ったり、あるいは不安をやたらと訴えます。筆者の経験では、このＢさんのように、保護者が家での様子に困って相談にいらっしゃることがあります。一見、学校では、何の問題もないように思われる児童の課題を教職員に分かってもらえるように説明するには工夫が必要です。筆者は、例えば、次のように説明してみます。

「学校では、そうは見えないと思うのですが、緊張して、周りに合わせようと頑張りすぎているのかもしれません。家では、宿題がうまく進まないとお母さんに当たることが多く、きつい言葉を言ったり、暴れたりするそうです。週の始めや週末には、「学校に行きたくない」と言って、登校を渋るので、お母様が学校の近くまで一緒に来ることもあるそうです。きっと、学校で頑張っている疲れがあり、本人が気づかないうちにストレスになっていることが多いのだろうと思います。家では、冗談を言ったり、ふざけたりすることが大好きだそうですが、学校では、友達と話している場面は見られましたが、友達の前でふざけたり、面白いことをしたりする場面は、ほとんど見られませんでした。学校で、良い子をし過ぎずに、もっと本人らしい、面白い面が友達の前で見せられると、学校で疲れた、という思いより、楽しかったという思いが増えて、良いのではないかなと思います。Bさんのようなタイプの児童は、学校や学級で過剰に頑張っている、過剰に適応している状態だと思われます。あまり頑張り過ぎてしまうと、ある時突然、学校に行きたくない、と来なくなってしまう児童もいます」

この例のように、学校での様子と家庭での様子が著しく違うという情報があると、両極端の様子をうまく全体論の視点でまとめることが難しいと思うことがあります。人によっては、どちらの姿が本当なの？などと考えてしまうかもしれません。でも、このように、学校の場面（仕事のタスク）と、家庭の場面（愛のタスク）で態度が大きく異なる、ということが特徴のライフスタイルなのです。

架空例C　クラスで課題に取り組めず、立ち歩き、ちょっかいを出す児童Cさん

クラスで課題に取り組むことが苦手なCさんは、やることが分からなくなると立ち歩いたり、他児童にちょっかいを出します。テストにも取り組めず、ほとんど点が取れないため、担任の先生は、学

習能力が低いのではないか、と心配しています。担任の先生と保護者との個人面談の際に、担任の先生からこの心配が語られると、保護者からも心配が語られました。保護者がいくら促しても家庭で学習に取り組まないので、どうして良いのか分からない、自分の子どもは勉強ができないのではないか、能力的に問題があるのではないか、とのこと。担任の先生の勧めで、本人の得手不得手が分かる心理検査を受けることになりました。心理検査の結果、実は、Cさんは、全体としては年齢相応の能力がある一方で、得手不得手の差が大きいことが分かりました。担任の先生は、この結果に余計悩んでしまいました。得手不得手の差が大きいことは予測がついていましたが、年齢相応の能力があるのに、普段の授業の様子からはとてもそのようには見えないからです。こういうケースでは、心理検査の結果と、授業中やテストの様子のどちらがCさんの本当の姿なのか、などと考えてしまいがちですが、ここはぜひ、「全体論」の視点で考えてみましょう。どちらが本当の姿か、ではなくて、どちらも本当の姿なのです。全体として年齢相応の能力があるのに、得手不得手の差が大きいせいか、持っている力をうまく発揮できず、学級や家庭ではうまく課題に取り組めない、というCさんの現状に課題があるのです。

このような場合、筆者は、例えば、次のように伝えてみます。「本人は全体的に年齢相応の能力があるのに、学級での勉強にうまく取り組むことができていません。得手不得手の差が大きいせいなのか、能力と実態にこのような差があることに、本人の特徴、課題、困り感があるのだと思います。本人も自分にはある面では、年齢相応の能力があることに気づいていないと思いますから、授業中は、「自分はできないんだ」、「自分はみんなの迷惑だ」、「役に立てない」と辛い思いでいるのだろうと思います」

Cさんのようなタイプの児童は、怒られることがどうしても多くなってしまうので、学習にうまく取り組めないことも問題ではありますが、そのことで、自分自身に対する評価、自己肯定感とか自己受容感が下がってしまうことにも問題があるのです。ＳＣとしては、学習面の課題と、本人が自分について持っているであろう否定的な考え・感情による心理的な課題の両方を伝えることが大切だと思われます。

次に、二つ目の課題解決につなげるリソースについてですが、第4章でもお伝えしましたが、リソースというのは、問題解決や課題に取り組むことに活かせる資源のことです。子ども自身だけではなく、保護者や教職員、学級での友人関係、時にはＳＣ自身も、子どもの問題・課題におけるリソースとなりえます。

小学校現場に限らず、問題対処を考える際には、対象となっている人のリソース（長所、強み、能力、資源など）は何だろうか、と考えますし、子どものリソースを発見して、そこから解決の糸口を探すことは、アドラー派のカウンセラーだけに限ったことではないと思われます。

アドラー心理学には、「使用の心理学」という考えがあります。簡単に説明すると、どんな特性を持っているのかに重点を置くよりも、人が持っている自分の特性をどう活かすか、を重要視した考えです。人は、持っているもので決まるものではなくて、持っているものをどう使うか、で決まるというわけです。遺伝的要素や身体的な特徴に関してもそうですが、自分の性格的な特徴に関しても、「短所と思っていた特徴を、どのように長所に置き換えられるか」[2]とも言えます。リソースを見つけ、それをどのように使うのかを考えることは当然ですが、使うことを目的に、使えそうなリソースを見出していくことは、アドラー心理学的な発想、着眼点かもしれません。

先ほどの三つの架空例でのリソースを見てみましょう。

架空例Aでは、どんなところがリソースだと捉えることができるでしょうか。筆者は、無気力な状態でも、その子が学校に来ている、授業の場にいるということは、その子ども自身の大切なリソースだと思います。つまり、そうは見えないかもしれませんが、学校に来て、友達や教職員と関わろうという気持ちが多少なりともあるのです。無気力な態度で優れていたいのであれば、望ましくない方法ではありますが、優れていたい気持ちはあるということです。また、担任の先生が、気になる児童として、管理職、生活指導や特別支援の担当教員、養護教員、SCなどに相談してくださるなら、その子どもに対して何らかの支援が必要だと思ってくださっているのですから、担任の先生も大きなリソースなのです。さらに、子どもの状態に対して、保護者も心配しているのであれば、保護者も大きなリソースです。子どもが学校に来ていること、優れていたい気持ちはあること、周囲の協力が得られそうであること、これらを活用できる方法を考えることができます。

架空例Bでのリソースは何でしょうか。筆者が考えるに、学校で頑張ろうとすることはリソースです。ただ、やり過ぎてしまうのではなく、加減ができるようになり、学校で少し力が抜けると良いなと思います。家庭で親に当たれるのは、甘えているという表現もできるかもしれませんが、親の前で安心して自分の弱い面と言いますか、不安に感じていることを表現できると言いますか、要は、素の自分を見せることができるということだと思います。親が怖くて本心が言えないという親子関係よりは、このような親子関係の方が、良いリソースになると思います。保護者が担任の先生やSCに相談するのであれば、保護者が相談できることも大切なリソースです。子どもが頑張り屋であること、親子のコミュニケーションがあること、保護者の協力姿勢があること、これらを活用できる方法を考えることができます。

架空例Ｃでは、どんなことがリソースでしょうか。もちろん、心理検査で年齢相応と分かった能力は子どものリソースです。その子どもが、授業中に立ち歩いたり、先生や他児童の邪魔をしたりするのはとても困りますが、授業中に何かをしたい気持ちはある、行動力や活力があると捉えれば、それはその子どものリソースになりえます。やり方がわからないだけで、実は勉強をやりたい気持ちがあるのかもしれません。苦手な部分に対して適した支援をすれば、本来、その子どもが持っている年齢相応の能力がうまく引き出せるかもしれません。担任の先生、保護者がそのような児童の実態に理解を示してくれれば、それも大きなリソースです。学級担任や保護者がその子を見る目が変われば、それはその子どもにとってこの上ない勇気づけになると思います。ある部分で年齢相応の能力があること、子どもの行動力、活力があること、周囲からの理解が得られそうなこと、これらを活用する方法を考えることができます

その他にも、例えば、登校しぶりの子が、ＳＣとの面談の時には登校するということがあれば、それはＳＣの力なのではなくて、その子どもに、自分が話したいことを聞いてくれる相手がいるなら、話しに来る力があるということ、そういう相手とは関係性を築くことができる力があるということだ、と筆者は思っています。このような力を活用する方法を考えることができます（↓具体的には、この子どもが話せる場所、活動に参加できる場所を探すことになります）。

また、自傷行為などいわゆる問題行動をしてしまう子どもがいれば、問題行動は子どもからの困っているサインだと捉えれば（詳しくは本書付録をご覧ください）、このようなＳＯＳの合図を出せる

ことは、その子どものリソースだと考えることができます。思い切って自分の問題行動を誰かに話すことができれば、相談できることもリソースだと言えます（↓具体的には、問題行動ではないSOSの出し方を一緒に考えることなどを提案できます）。

リソースというと、何か特別なことのように捉える方もいらっしゃるかとは思うのですが、当たり前のことも充分リソースとなりえますし、短所と思わることもうまく捉え直せばリソースになる、そのような視点で子ども、保護者、学校を見ていく視点がスクールカウンセラーには大切です。先ほど言いましたように、短所を長所に変えるような視点は、アドラー心理学だけに限ったことではなく、一般的には「リフレーミング」（捉え直し）と言われています。リフレーミングの視点は、勇気づけの態度の一つとも言えましょう。

三つ目の共同体感覚の育成、発揮を具体的な目標として置き換える、それを達成するための対処案を伝えるということについて説明します。繰り返しになりますが、アドラー心理学の大切な思想の一つである「共同体感覚」は、説明するのが非常に難しいものです。ですから、アドラー心理学が目指す「共同体感覚」を発揮する子どもの様子、姿、行動などを、ケースに応じてできるだけ具体的に伝えていく工夫が大切になってきます。

先ほどの三つの架空例で考えてみましょう。

架空例Aで、クラスで無気力な状態を示す子どもが、「共同体感覚」を発揮するようになって欲しい、と考えた場合、どのような姿が予測できるでしょうか？　クラスの授業に参加するということ自体が、「共同体感覚」を発揮していることになると、筆者は思います。教職員には、例えば、「本人には、やればできていることを伝えていき、少しずつでも自分に自信を持つようになってくれれば良いかな、と思います」と伝えてみます。周囲の大人が、無気力な子どもの様子に諦めず、「やればできること は分かっているよ。ゆっくりでもいいし、全部できなくてもいいから、やってみようよ！」と声をかけ続け、ある時にその子どもなりにやったのならば、「できたね！」とできたことに注目することが大切です。「クラスのための仕事を少しずつでもやってもらい、そのうち、クラスの他の児童のために何かを自発的にするような姿が見られれば良いなと思います」なども伝えてみます。

架空例Bでは、例えば、「学校で良い子をし過ぎずに、もっと本人らしい、面白い面が友達の前で見せられると、学校で疲れた、という思いより、楽しかったという思いが増えて、良いのではないかなと思います」、「知らず知らずのうちに頑張りすぎて疲れてしまうBさんを、周囲の大人が理解し、見守りながら、本人が自分らしさを出せるようにそれとなく促したり、働きかけたりできると良いなと思います」と伝えます。このようなタイプの児童は、自然な自分を出すことに自信がないように思われるので、自然なままのあなたは、学校でも充分みんなに受け入れられることを伝えられたら良いなと思います。そのための第一歩として、学校の一部である相談室に、本人のみ、あるいは親子で来室してもらい、本人らしく遊んだり話したりして過ごしてもらうことを提案することもあります。

架空例Cでは、例えば、「授業内容にもよるので難しいとは思いますが、Cさんが課題に取り組めない時に、Cさんにも取り組める何かがあると、立ち歩かずに席に座っているかもしれません。個別学習の場面などで、Cさんには得意なことがあること、それを活かして苦手なことを補うにはどうしたら良いのかというようなことを一緒に考えていくことが大切だと思います。そうすることで、Cさんも自信が持てるようになると思われます。自分なりの勉強の仕方でやれば、クラスでもできる、という体験をすることは、Cさんにとって、とても重要だと思います」、「クラスの中で何らかの役割を与えて、自分の役割を意識させることも良いかもしれません。授業中に、Cさんが課題に取り組む姿が見られることで、先生やお友達がCさんを見る目も変わってくると思います」と伝えてみます。このような児童が、今まで取り組めなかった学習に、本人なりに取り組めるようになったり、自分は〇〇ができる、と少しずつ自信を持ったりしてくれると良いなと思います。先生や友達が本人の頑張りを認めてくれる態度があれば、本人もクラスのためを思った行動をするのではないか、と筆者は思います。

ケース全体を勇気づける

ここまで問題対処過程、協働・連携の際に、筆者が大切だとしている三点を説明しました。ここで、もう一つ、筆者が何よりも大切だと思っていることがあります。それは、「ケース全体を勇気づける」ということです。筆者は、これが一番大切なことで、アドラー心理学を活用する最大の利点ではないかと思っております。

本書第1章で、子どもに関わる大人にとって大切なのは、勇気づけの態度だとお伝えしました。ですから、問題対処、協働・連携の際にSCができること、それは、「勇気づけ」に他ならない、と筆者は思っています。

橋口は、アドラー心理学の視点から、SCが学校現場で行うカウンセリングについて、「そこで、SCはライフタスクに取り組む勇気を発揮してもらうべく勇気づけをするのが仕事になる」と述べ、さらに、SCは学校現場で何を勇気づけうるのかについて、「①児童・生徒を勇気づける、②保護者を勇気づける、③教員を勇気づけ、④学校システムを勇気づけることになる[3]」と述べています。筆者も、やはり、子どもを勇気づけることはもちろんのこと、学級担任の先生、関連する先生に対しても、さらに、関わることができるのであれば、保護者にも勇気づけをすることが、ＳＣ活動において、何よりも大切なことだと思っています。

上野は、ＳＣは活動における連携について、学校でのＳＣ活動は、関わる人が多いので、「それぞれの関係を整理調整し、関係性を好転させることも大きな仕事なのです[4]」と述べています。上野が述べていることを、アドラー心理学の視点で考えると、つまり、ＳＣが子ども、そして子どもに関わる人たちを勇気づけることで、子どもを含め、ケースに関わる人たちが勇気を持ち、お互いに「共同体感覚」を発揮し合えるような関わりを目指すことなのではないか、と筆者は考えます。そうすることで、上野が述べているような、関係を整理整頓し、関係性を好転させることにつながると考えます。子どものケースに関わる人たちが、同じ方向を向いて協力し合い、それぞれが自分の役割を自覚しながら行動し、自分がケースに関わっている、貢献していると思えていること、このような協働が子ども達を支えるのだろうと思います。

筆者が、ＳＣとして現場で活動する際に感じていることは、小学校で関わるケースには、ケース自体が非常に複雑と言いますか、残念ながら、学校の力だけでは問題対処することが困難なのではないか、と思わされるケースもあるということです。例えば、完全な不登校で保護者とも滅多に連絡が取れない、家庭に養育能力がない、虐待やネグレクトが疑われる、などのケースは、学校が問題対処に介入しきれないと感じてしまうことがあります。あるいは、学校に登校するが、教室に入るのが困難な児童や、教室の中で落ち着いて座っていられない児童のケースなどは、学級担任の先生がそのような児童の対応に自信をなくしてしまったり、そのような児童を受け入れてくださっている養護教員や特別支援教室の先生の負担が増えてしまったりして、教職員の方々が疲弊してしまう場合があります。このようなケースについてのケース会議などでは、手立てがないように感じて、とても空気が重くなったりします。そんな時に、SCが、例えば、「このケースはとても大変なケースなのだと思います。担任の先生が一人で考えるのではなくて、学校全体で考えて、見ていけるように協力することが必要だと思います」と伝えたり、「保護者や先生が承諾してくださればSCのいる日に、子ども自身とSCが面談することもできます」、「授業中に教室にいられない時、SCが対応して構わないようでしたら、相談室が空いていれば、対応します」、「これは、もう福祉の力を借りて良いケースだと思うので、子ども家庭支援センターとの連携を視野に入れても良いかもしれません」、「学校内の支援だけでは限界があるので、医療機関の受診を勧めたり、教育相談を勧めたりするのはどうでしょうか?」、「保護者に学校での状況を説明して、家庭でも対処してもらって良いのではないかと思います」、「SCから保護者に伝える方がよいのであれば、保護者と面談することもできます。担任の先生だけで大変ならお手伝いできるので、おっしゃってください」などと、提案します。このようなSCの発言が全て受け入れられる訳ではありませんが、ケースで手詰まりと感じている時に、なんらかの打開案を考え、伝えることで、解決の方向に少しでも進むような努力をします。あるいは、このケースは複雑だから、焦らずにじっくり取り組むことが大切だと思うことを伝えることで、関係する先生方が落ち着ける場合もあります。いくらアセスメントができても、次の段階で、どう対処すれば良いのか、SCとして何をしてくれるのか、を伝えるように尽力することが大切であると筆者は思っています。残念ながら、

ＳＣが提案することをやってみて、必ずしもうまくいくとは限りません。しかし、何もしないよりは、何かをすることが必要な場合も多いのです。ですから、学校としてどうすれば良いのか、ＳＣとしてケースが動きそうな何らかの対処案や助言を伝えられることも、ケース全体を勇気づけることになるのではないか、と筆者は考えております。

先述の架空例ＡからＣに共通して言えるのですが、児童自身に働きかけられる場面があれば、ＳＣから見て児童が頑張っているなと感じる面をそれとなく伝えます。教職員の方々が、児童に対して働きかけてくださっていれば、「あのように関わってくれたら、子どもは安心できると思います」とか、「先生に見てもらっていると思えるから、頑張れるのだと思います」などと伝えます。保護者と面談ができるのであれば、「お母様が、一所懸命考えながら関わってくださっていることは、きっと○○さんに伝わっていると思いますよ」、「お母様が頼りなのですね、お母様のこと大好きだと思いますよ」などと、ＳＣが感じていることをお伝えします。また、当事者間での関係性が好転するように、子どもには、「そういうこと、先生に相談してみたら？　先生、お話を聞いてくれるよ」とか、「先生が、○○してくれるから助かる、って言っていたよ」などと伝えます。先生には、「○○さんが、こんなことを言っていましたよ。先生の言葉が嬉しかったみたいです」などと、伝えます。保護者には、学校での子どもの様子（変わっていないこと、変わっていることなど）や子どもと関わったことからＳＣが感じたことを伝えたり、「○○さんと話すと楽しいですね」と伝えたりします。当事者である子どもも含め、ケースに関係している人たちのコミュニケーションや関係性がよくなるような働きかけをしたり、そうなるように、ＳＣが調整役、連絡役になったりして、ケース全体が好転するような努力をします。このようなＳＣの態度、活動が、筆者が表現する「ケース全体を勇気づける」ということになりますし、先述の橋口の記述にあった、「学校システムを勇気づける」ということになるのではないかと思われます。

ケースの当事者である子ども本人への関わりについてもう少し説明すると、ケースによって、どの程度、ＳＣが子どもに関われるかは異なりますし、勇気づけの仕方もさまざまだと思います。担任の先生や保護者からの依頼で、問題対処の一環として、定期的に面談ができる児童には、面談の中で、話を聞きながら、勇気づけすることができます。面談できなくても、児童と関われる時間があれば、校舎内ですれ違った時や行動観察している時に、ＳＣがその子どもが頑張っている姿を見ていることを伝えることができます。話さなくても、ちょっと目があった時に頷いたり、微笑みかけたりすることだって、何もしないよりは勇気づけになるのではないかと筆者は思っているので、少しの時間でも、ケース対象の児童、気になる児童などに勇気づけできる機会が持てれば良いな、と思いながら活動をしています。

繰り返しになりますが、子どもにとって大切なリソースである保護者との面談も継続的に担当させてもらえることがあります。継続面接は、「良かったら、また学校でのお子様の様子を伝えさせてもらえませんか」などとＳＣから勧めることもありますし、保護者から希望されることもあります。ケースにもよりますが、保護者を勇気づけられるように、できるだけ面談を継続できるように尽力します。特に、不登校傾向のある児童は、子どもに対応する保護者も疲れてしまうことが良くあります。保護者が一人で問題を抱え込むことにならないように、学校側が協力する姿勢が伝わるように働きかけたり、支援をしてくれる外部機関とつながれるように働きかけたり、保護者の頑張りが支えられるように尽力します（アドラー心理学による不登校ケースへの対応に関しては、他書[5]をご参照ください）。

不登校傾向の問題だけではなく、学校での子どもの困りごとについて保護者が相談にいらした際には、「一緒に問題に取り組んでいきましょう」という姿勢が伝わるように心がけています。問題対処のために、保護者、子ども、教職員とのコミュニケーションがより円滑になるように、ＳＣが間に入ることもあります。様々なケースが考えられますが、ポイントは、やはり、ＳＣは自分の役割をわきまえて、ＳＣがでしゃばりすぎないよう、でも縁の下の力持ちになれるように、黒子として勇気づけの活動をするということだ、と筆者は思っております。

ＳＣの役割を改めて考える

ここで、再び、ＳＣの役割をおさらいしておきましょう。「勇気づけ」担当のＳＣの仕事は、子ども、保護者、教職員が、子どもにまつわる様々な課題、問題を主体的に解決できるように、働きかけることです。ＳＣ自身が問題を解決することではありません。誰が課題を解決するべき人なのか、ＳＣの役割は何であるのか、「課題の分離」をして考えることは大切です。ケースによっては、当事者が、課題解決に向けて、なかなか主体的に行動しないこともあります。そのことに、時には、イライラしてしまったり、がっかりしてしまったりすることもあります。でも、その場合は、課題解決に向けて行動するために必要な勇気がまだ足りていない、と考え、勇気づけを地道に続けることが大切です。時には、途中で支援が途絶えてしまうケースも残念ながらあります。ＳＣとしての自分の力不足を痛感させられるようなケースもあります。それでも、できる限りのことはしていこうと臨んでいます。

また、問題対処、協働・連携にあたっては、誰がどんな役割を果たすのか、が大切であろうと思います。例えば、不登校傾向気味の児童の場合、ＳＣは、子どもが弱音を吐いても良い人、ＳＣは教室で過ごしていて辛くなってしまった時に受け止める人、教室に行けそうな時には、そっと背中を押す人という役割を果たします。学級担任の先生は、子どもが教室に戻ろうとした時や、クラスの活動に参加しようとしていた時に、「待っていたよ！」と迎え入れる人になります。保護者は、「学校から帰ってきて「疲れたぁ」という子どもを、〈学校で頑張ってきたのね〉、と受け止め支える人になります。また、相談室は、教室に落ち着いていられない子どもがクールダウンするための場所になったりします。気持ちが落ち着くための方法を一緒に考えたり、どんなことにイライラしやすいのか、可能であれば振り返りを一緒にしたりします。時間が経ったら、〈次の時間はどうしようと思っているの？〉などと声をかけて戻ることを促したりもします（担任の先生とも相談しますが、無理には戻しません）。担任の先生は、このような場合にも、教室に迎え入れる役割をしてもらいます。先生によっては、〈○○さん、落ち着いた？　教室に戻ろうか〉と迎えに来てくれたりします。また、相談室から出にくくなってしまう児童が来室する予定がある場合は、筆者は、あらかじめ、教職員と相談して、どなたか先生に迎えに来てもらうようにお願いすることもあります。これは、SCが子どもを追い出している、という印象を持って欲しくないからですし、子どもも別の先生が働きかけに来てくれた方が、気持ちを切り替えやすいことがよくあるからです（これは、教職員の方々とSCとの信頼関係が築けていることが前提です）。

相談室は、学校の中にあるけれど、学校で嫌なことがあったり、緊張することがあった時など、休憩できたり、ほっと息を抜けたり、気持ちを整えたりする、ちょっとした避難場所、安全な場所になっているのだろうと思われます。筆者は相談室が、何だかここに来ると落ち着くんだよね、と言ってもらえる場所として提供できれば良いな、と思っています。緊張して、頑張って学校に来ている子ども、気持ちが落ち着かない子ども、勇気がくじかれている子どもなどにとって、勇気づけの場所になれたら良いなと思いながら活動しております。

また、教職員にとって、ＳＣがどのような役割が果たせるのかも大切なことです。繰り返しになりますが、ＳＣは、「チーム学校」の一部であり、専門的なことを助言する役割があります。ですから、この役割を果たせるような活動をします。問題対処、協働・連携についていえば、実際の協働・連携以外に、子どものどのような問題を学校全体で対処する問題として協働・連携するケースにすると良いのか、を助言するのもＳＣの役割だと考えます。学級担任の先生は、いざ、自分のクラスの子どもに何らかの問題が生じると、何とかしなくてはと一人で慌ててしまったり、何をして良いのかわからず、問題意識がありつつも行動が取れなかったりすることも考えられます。他の先生が気づいても、他のクラスのことに口を出して良いのか、躊躇されることもあるかと思います。そんな時、専門職の立場であるＳＣが、学校全体で取り組む問題にして良いと思います、というような声をそっとかけることも大切な役割だと思っています。教職員とＳＣとで役割を分担したり、ＳＣが自分の役割を果たそうと働きかけたりすること自体も、勇気づけの一つと言えるのではないかと思っています。

まとめ

ここでは、ＳＣ活動の主要なプロセスであるアセスメントと問題対処、協働・連携におけるアドラー心理学の活用の仕方についてお話しをしました。繰り返しになりますが、本書はじめにでは、アドラー心理学が小学校でのスクールカウンセリング活動に活かしやすいわけとして、問題対処にＳＣとして必要な指針と姿勢を明確に示している点をお伝えしました。筆者は、ＳＣ自身も含め、ケースに関わる全ての人が「共同体感覚」を発揮できることを目指して、SCが勇気づけをしていくことが、協働になるのではないか、と感じております。ですから、SCは子どもの「共同体感覚」を育めるような、あるいは発揮できるような問題対処を考えながら、SCも含めたケースに関わる人たち自身が「共同体感覚」を発揮できるように、地道に勇気づけをしていくこと、これが何よりも大切なことなのだ、と感じております。

アドラー派のSCは、根底に持っている理論は同じですが、実際に、問題対処、協働・連携する際に、子どもたちの中に「共同体感覚」を育み、発揮してもらうための対応策の助言の仕方や、勇気づけ的関わりの方法は、多少なりとも異なると思います。アドラー心理学の根底に流れる理論、人として、子どもとして目指す方向性の理論をきっちり理解しておけば、実践策は、実践する者や、活動現場、ケースに合わせて柔軟かつ多様に考えられることが利点であると、筆者は感じております。本書を読まれている皆様も、もし、このようなアドラー心理学の要素を実践してみたいと思われましたら、是非、ご自分なりに、問題対処、協働・連携のプロセスで、できるところから、「勇気づけ」を心がけていただきたい、と思っております。

【文献】

（1）村瀬嘉代子監修、東京学校臨床心理研修会編、『学校が求めるスクールカウンセラー――アセスメントとコンサルテーションを中心に』、遠見書房、二〇一三年、一五二～一五三頁

（2）岩井俊憲監修、梶野真、『アドラー心理学を深く知る29のキーワード』、祥伝社新書、二〇一五年、

九八～一〇一頁

（3）八巻秀編、「学校で活かすアドラー心理学」、子どもの心と学校臨床　第一四号、遠見書房、二〇一六年、一八頁

（4）（1）、一五二～一五三頁

（5）深沢孝之編著、『不登校と向き合うアドラー心理学――どうすれば子どもと親に勇気を与えられるのか』、アルテ、二〇一九年

付録１　アドラー心理学の基礎

この付録では、アドラー心理学の基礎として、アドラー心理学の考え、理論や技法などをお伝えしていきます。本書の中では、話の流れの中で、アドラー心理学の考え、理論、技法などを十分説明しきれていない面があります。特有の用語や説明が出てくるので、難しいな、とか退屈だな、と感じる方もいらっしゃるかと存じます。アドラー心理学の理論や技法に関しては、もう充分わかっていると思われる方、詳しいことは分からなくても構わないと思われる方などは、この部分を飛ばしていただいても構いません。

アドラーが求めた「人間知」の心理学

まず、始めに、アドラー心理学とは、どんな心理学なのでしょうか。アドラー心理学は、オーストリア出身の精神科医のアルフレッド・アドラー（Alfred Adler, 1876-1938）が自らの経験と思想に基づいて創設した心理学です。アドラーは、自らの心理学において、こころの不調や問題などを抱えている人のみならず、人間全体に共通したもの＝「人間知」を探求することを目的としていました。「人間知」とは、「人の本性を知る」ということを意味しています。(1) アドラーは、こころの不調を抱えている人や問題を抱えている人に起きていることを、特別なこととは考えませんでした。こころの不調を呈した人も、健康な人も、そして子どもも大人も同じ人間であり、共通した特徴を持っていると考えました。そして、この人間として共通した特徴が、こころの不調を呈した人々においては、望ましくない方向に強く現れているのだ、と考えたのです。小学校に置き換えてみると、何らかの問題を抱えた子どもも、そうでない子どもも、人としての共通の特徴を持っています。何らかの問題を抱えた子どもにおいては、この共通の特徴が、望ましくない方向に強く現れているのだ、と理解することになります。

全体論

アドラー心理学では、人は分解できない一つの全体であると考えています。例えば、「こころ」と「からだ」、「意識」と「無意識」は全体で一つであり、相補的で矛盾しないものと考えます。例えば、ある子どもが、学校に行きたい（あるいは、行かなくては）と思っているのに、朝になると、お腹が痛くなってしまい、その結果、学校を休んだとしましょう。結果を見ると、「行きたい」意識的な気持ちの裏に、「行きたくない」無意識的な気持ちがあるように思われます。アドラー心理学では、「行きたい」と「行きたくない」気持ちは、矛盾するものとは考えません。「行きたい」気持ちと、「行きたくない」気持ちの両方がある状態を全体的に捉え、両方の気持ちがあるからこそ、この子どもは困っているのだ、と捉えます。意識的な気持ち、無意識的な気持ちのどちらがより大切なのかではなくて、この場合では、両方の気持ちがあり、全体としては、困っている状態にあることが大切なのです。

また、アドラー心理学では、人の行動は、全体的に見ると必ず一貫した流れがあると考えています。

一つ一つの行動が相反するように見えても、もっと全体的にその人の行動を捉えると共通項が見えてくるのです。後述する「ライフスタイル」の考えにつながります。

認知論

アドラー心理学では、人はそれぞれ固有の意味づけの仕方を持っていて、それに従って世界を見て、行動を選択している、と考えています。日本のアドラー心理学では、これを「認知論」、「現象学」、「仮想論」とも表現します。アドラーは、「パーソナリティの構造を考察するときに目につく最大の欠点は、パーソナリティの統一性、それに特有のライフスタイル、人生の目標が客観的な事実ではなく、人が人生の事実について持つ主観的な見解に基づいて形作られているということである。（中略）各人は、物事についての個人的な見解に基づいて自分を作り上げる。この見解のあるものは健全であるものであるが、あるものはあまり健全ではない[2]」と述べています。

人は誰でも多少なりとも、自分の認知、意味づけの仕方に基づいた「私的理論 private logic」を持っています。「私的理論」とは、人が感じ、考え、行動するための理由となるもので、自分にだけ通用する理論、社会的に有用でない考え方と言えます[3]。その多くに、本人は気づいていなかったり、自覚していなかったりと、無意識的なのです。学校で、子どもやその保護者、教職員の方々と関わる場合、彼らがどんな「私的理論」に基づいて感じ、考え、行動しているのか、を捉えようとすることが大切です。

それと同時に、当然、SC自身も「私的理論」を持っています。SCも自分の認知から物事を見ていることを念頭に入れ、自分の「私的理論」も確認しながら、仕事に臨むことが大切です。

主体論

日本のアドラー心理学では、「自己決定性」、「創造的な自己」とも表現します。人は、自分に何かが生じたときには、自分で決断し、自分の意見を発展できる、とアドラー心理学では考えています。人は、環境からの産物ではありません。アドラーの時代、子どもの教育に何が大切か、「遺伝」なのか「環境」なのかという論争があったそうですが、アドラーは、子どもの教育に大切なのは、「遺伝」でも「環境」でもなく、「意見」であると主張しました。[4] つまり、起こった出来事や、経験したことに関して、その子どもがどのように感じたか、どのように考えたのか、その子どもが主体的にもつ「意見」が何より大切だと考えたのです。「遺伝」や「環境」は個人に影響は与えるが、その個人を決定するものではない、と考えます。

また、アドラー心理学では、人は主体的に物事を決定していると考えます。仮に、本人に主体的に決定しているつもりがなくても、主体的に決定していると捉えます。

よく、「人の言われた通りにしてしまう」とか、「自分の考えがない」という表現を耳にしますが、アドラー心理学では、これらの状態を、人に言われた通りにすることを自分で選択している、と捉えます。このように言われると、傷つく方も多いのではないでしょうか。そんなつもりはない、仕方なくそうしているのだ、という方もいらっしゃると思います。

それでもアドラー心理学が人の「主体性」を主張するのは、人は、誰でも、その気になれば自分の力で、自分の進みたい方向に進むことができる、創造性のある生き物なのだと、いうことを伝えたいからだ、と筆者は思っております。自分の考えもあるが、この場合は、「人に言われた通りにする」方法を、自分で主体的に選択しているのだ、と思って選択しているのであれば、問題はないと思います。

「人に言われた通りにする」方法を選択したくない、と思えば、別の方法を主体的に選択し直せば良いのです。アドラー心理学では、人は、遺伝や環境からの受け身の産物ではなく、自分の人生を自分で切り開くことのできる生き物だと、考えているのです。

目的論

アドラー心理学では、人は、目標を設定して、それに向かって目的を持って、主体的に行動していると考えます。ですから、すべての人の行動には目的があると考え、人がとった行動の原因だけではなく、行動の目的を考えることを大切にします。人が行動の目的を意識していることもあれば、無意識的であることもあります。「目標は全能である。それは人のライフスタイルを決定し、行動のあらゆる点に反映される[5]」とアドラーは述べています。

人の行動の目的を考えるときには、「何のために?」という問いを投げかけます。それに対して、複数の答えを推測します。行動の目的は、一つであるとは

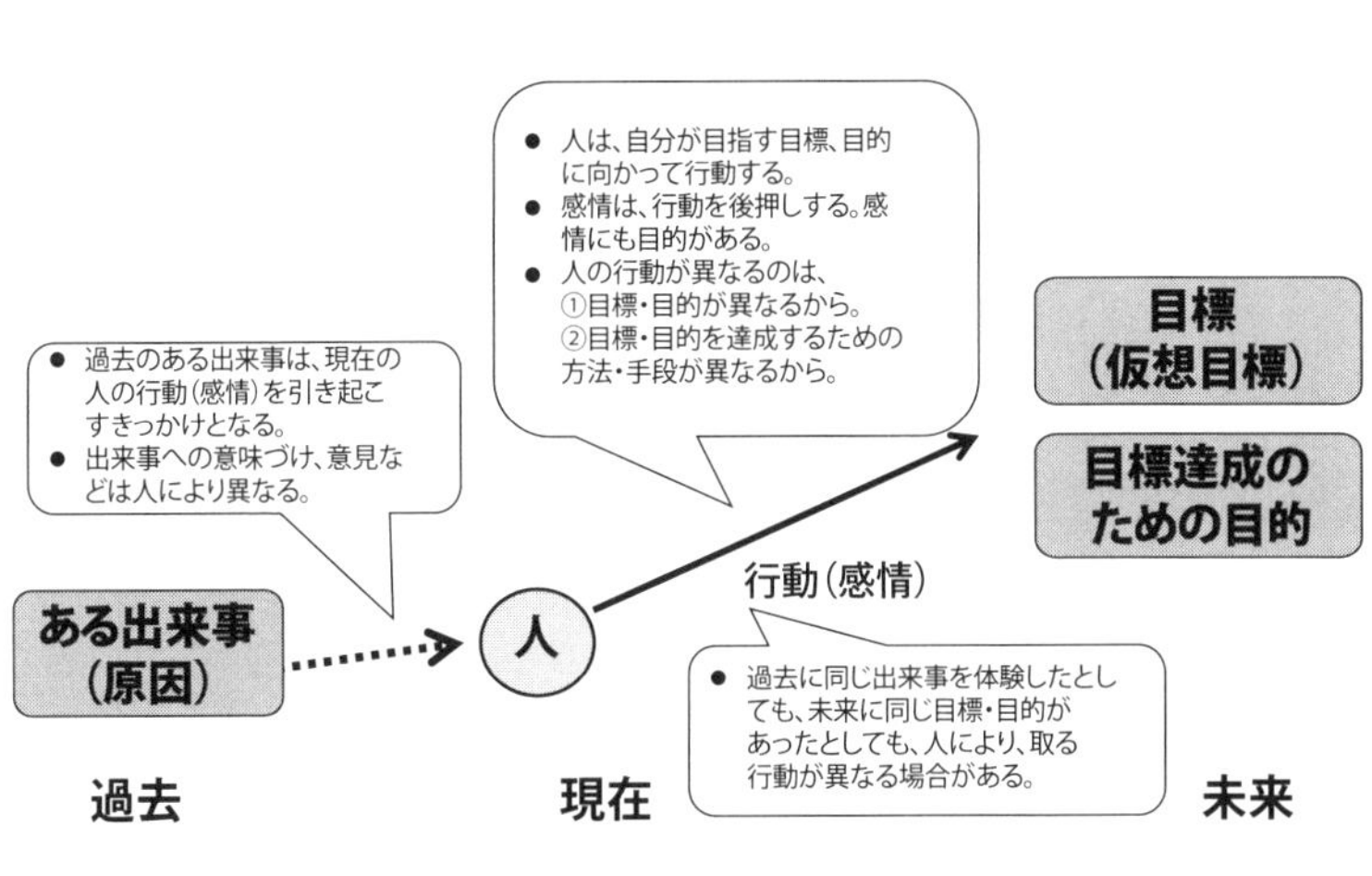

図2　目的論

限りませんし、明確に分かるとは限りません。ですが、人の行動の目指す先、目標や目的は何なのだろう、と考える時に、例えば、学校を休むのは、「なぜか?」という問いではなく、「何のためか?」という問いを考える時に、原因を考えるだけでは推測できないことが見えてくるのではないか、と思われます（筆者は、アドラー心理学は、原因論を否定しているとは思っておりません）。

ライフタスク、対人関係論

アドラー心理学では、「ライフタスク」の考え方、そして、「対人関係論」あるいは「社会的場の理論」という考え方があります。人間は、社会の中で生活する生き物です。ですから、対人関係、社会的場で生じる問題＝人間の問題、となるのです。モサックとマニアッチによると、アドラーは、「人の考えていることを知るには、その人の仲間との関係を知る必要がある……。個人の精神的活動は、その人の社会的関係性を知らずに理解することはできない[6]」と述べていました。つまり、人は、周囲の人たちとどのような関係性を構築しているのかが大切で、どのような対人関係において、問題が生じているのかいないのか、生じているとすればどのような問題が生じているのかを理解することが大切であると考えました。アドラーは人が向き合うべきライフタスク（人生の課題）を関わる他者との関係性によって、「仕事のタスク」、「交友のタスク」、「愛のタスク」の三つに分けていました。アドラー以降、ドライカースとモサックが、アドラーが明確にはライフタスクとしてはいなかったものの、示唆していたものとして、「自己のタスク」、「スピリチュアルなタスク」の二つを加えています。それぞれのタスクを表2にまとめます。

表2　ライフタスク

タスク	内容
仕事のタスク	仕事に関すること、全ての生産活動。職業だけに留まらず、私たちそれぞれが役割として持っている生産的な活動、人類、社会に貢献する生産活動全てを指す。役割、義務、責任が問われる。
交友のタスク	仕事以外の身近な人間関係。友人と知人との付き合い、など（職場においても、身近な人物、例えば、上司、部下、同僚などは、ここに含まれるとも考えられる）。周りへの思いやりが必要とされるので、仕事のタスクより難しいとも考えられる。
愛のタスク	交友のタスクよりさらに親密な関係で、カップル、夫婦などの性的なパートナー関係や親子関係など。愛のタスクは、これまでの三つのタスクの中で、最も親密な形のコミュニケーションが必要であり、一番難しいと考えられている。
自己のタスク	自分自身との付き合い方。生産性や競争とは離れた遊びの課題。リラクセーション、健康、趣味、遊びなどが含まれる。
スピリチュアルタスク	自己を超えた、より大きな存在との付き合い。大自然、神仏、宇宙との交流を通して、人生の意味を考える。瞑想、祈り、宗教儀式、自然への畏怖の念などがこれに含まれる。

（文献）

ハロルド・モサック、ミカエル・マニアッチ、坂本玲子監訳、キャラカー京子訳、『現代に生きるアドラー心理学——分析的認知行動療法を学ぶ』、一光社、2006
鈴木義也、八巻秀、深沢孝之、『アドラー臨床心理学入門』、アルテ、2015
岩井俊憲、『人生が大きく変わるアドラー心理学入門』、かんき出版、2014

これを、子どもに当てはめて考えてみましょう。「仕事のタスク」は、例えば、学校での活動になります。学習の様子、先生との関わり、委員会などでの役割に見られる関わりと言えるでしょう。そして「友好のタスク」は学校内外での友達関係、「愛のタスク」は、主に家族との関わりといえましょう。問題を抱えている子どもは、どこか一つのタスクで問題が生じていることもあれば、複数のタスクで問題が生じている場合もあります。子どもがどのタスクで問題を抱えているのか、という視点で子どもを理解することも必要です。

共同体感覚

アドラー心理学では、「共同体感覚（英 Social Interest、独 Gemainschaftgefühl）」という考え方があります。そして、この「共同体感覚」が発揮されるような方法で問題に取り組んだり、解決したりすることが望ましいと考えるのです。アドラーは、自らの心理学において、この「共同体感覚」をとても大切なものと考えていました。しかし、その一方で、アドラーがいう「共同体感覚」については、説明や解釈が難しいとも言われています。オバーストとスチュワートは、「アドラーにとって、すべての問題は、他者とともに生活するという課題と必然性から生じてくるものである。考えられる人間のすべての必要性を満たすことは、仕事、愛、交友（コミュニティ）のタスクを遂行するための共同体（community）と協力（collaboration）の感覚に基づいている」[7]と述べています。人は社会の中で生活しているので、自分のことだけではなく、周囲の人のことも考えられるような方法、周囲の人と協力できるような方法で、課題に取り組むことが望ましいと考えているのだと思われます。

では、アドラー自身は、「共同体感覚」をどのようなもの、と考えていたのでしょうか。アドラー自身は、「われわれは、ここで、あらゆる誤った「人生の意味」と、あらゆる真実の「人生の意味」の共通尺度を見る。すべての誤り――神経症者、精神病者、犯罪者、アルコール依存者、問題行動のある子どもたち、自殺者、倒錯者（中略）が誤りであるのは、共同体感覚を欠いているからである。（中略）真の意味は、他者とのかかわりにおいてだけ可能である。（中略）すべての人は意味を追及する。しかし、もしも自分自身の意味が他者の人生への貢献にあるということを認識しない時にはいつも誤るのである」[8]。アドラーは、利己的であるより利他的であることを望ましいとし、人生の意味は他者への貢献であり、他者への関心を増すことが必要だと考え、このような人のあり方が「共同体感覚」を望ましく持っているあり方だとしました。また、アドラーは、「共同体感覚から生まれる安全[9]」という表現もしています。「共同体感覚」を持って、他者との関わりを築くことで、人は、自分はこの場所、コミュニティ、社会などで生活していて安心・安全だと感じることができる、ということだと思われます。このことから考えると、不安の強い人は、「共同体感覚」を充分に育めていなかったり、発揮できていなかったりするのだと思われます。

アドラー以降のアドラー派の人々が考える「共同体感覚」については、表3を参照してください。

表３　共同体感覚とは

人	内容
Dreikurs	「この三つのタスク（筆者注「仕事」、「交友」、「愛」のタスク）は、人間のあらゆる欲望や活動も含め、人間の生活全般を包括しています。すべての人の悩みは、タスクが複雑であるという困難から生じます。タスクを果たせるかどうかは、個人の才能や知性にはかかっていません。（中略）それは全て共同体感覚にかかっています。この共同体感覚がよりよく発展させられ、個人と社会の間の関係がうまくいけばいくほど、人は三つの人生の仕事（ライフタスク）をより成功裡にやり遂げることができ、その人の人格とパーソナリティはよりよくバランスの取れたものとなって現れてきます。 　共同体感覚は、他の人々と何かを共有したり、彼らの中の一員であるという意識の中で主観的に表現されます。（中略）すなわち所属していると感じた時にだけ、協力のための能力を発展させることができます。だから、協力することに対する能力が、その人の共同体感覚の進歩の度合いを示すものだとみなしてもいいでしょう」
Dinkmeyer &Dreikurs	「共同体感覚は、ほかの人に所属しているという感覚、共同体福祉への関心である」 「共同体感覚は、子どもにおける社会的発達に必要不可欠なもの」 「共同体感覚のみが、真の社会参加と他者への関心を可能にする」
Oberst& Stewart	「共同体感覚の基礎は、平等の感覚です。これは、社会的な平等に帰結するかもしれませんが、必ずしもそれを意味しているとは限らず、それは、すべての人は、社会的にも、性別的にも、身体的にも違いはあるけれども、同じ人間として平等であるとか、「同じように優れている（equally good）」という感覚を持つことです。（中略）他者を下に見るような優越性（例えば、「自分はとても良く、とてもお金持ちで、とても優れているから他者に良くできる」という考え）は、共同体感覚ではありません。（中略）共同体感覚と表現されているように、何かを感じることであり、ただ何かをすれば良いのではないのです」

	「正しい」態度無くして行われる良いことは、最終的には、正反対の状態、つまり、共同体に貢献するのではなくて、ただ自分自身のことだけ考えていることになるのです」
岩井	「仲間とのつながりや絆の感覚」 「共同体感覚とは、その人それぞれの家族や地域、職場などでの、所属感、共感、信頼感、貢献感を総称したもの」 「精神的な健康のバロメータでもある」 「アドラー心理学の重要的な価値観として、共同体感覚を高めることを教育やカウンセリングの目標としている」
岸見	「他者を仲間だと見なし、そこに『自分の居場所がある』と感じられること」
浅井	「アドラー心理学における健康な人間像の一つの要因」 「共同体感覚は生得的に備わった資質だが、それが十分に発達するには、社会的相互の作用や教育を通した外部からの働きかけが必要である。それゆえ、カウンセリング、教育、育児におけるアドラー心理学の実践は、対象者の共同体感覚の発達を促そうとする」

（文献）

ルドルフ・ドライカース、野田俊作監訳、宮野栄訳、『アドラー心理学の基礎』、一光社、1996

Dinkmyer, D. & Dreikurs, R. *Encourage Children to LEARN,* Routledge, 2000

Oberst, U. E. & Stewart, A. E. *Adlerian Psychotherapy: An Advanced Approach to Individual Psychology,* Routledge, 2003

岩井俊憲、『人生が大きく変わるアドラー心理学』、かんき出版、2014

岸見一郎・古賀史健、『嫌われる勇気』、ダイヤモンド社、2013

箕口雅博編、『コミュニティ・アプローチの実践』、遠見書房、2016

前述したライフタスクに望ましい方向で取り組むためには、この「共同体感覚」の発達が必要になる、ということはお分かりいただけたかと思います。一方で、繰り返しになりますが、これだけ、アドラー自身やアドラー派の方々の引用をあげても「共同体感覚」を理解しきれないという方も多いのではないでしょうか。それだけ、とても人間の根本的な部分に関わる重要な考え方で、簡単な言葉では説明ができないものと思っていただければよいのではないでしょうか。社会のあり方やその国、土地の文化によっても異なってくるような考え方のようにも思われます。実は、筆者自身も、自分の言葉で、分かりやすく説明する自信はまだありません。ただ、筆者自身の経験を通じて感じていることとして、大切なのは、その人なりに、社会の一員として集団、学校、会社などに参加している、所属しているとか、生活している、役に立っているというような実感を持てることなのではないか、と感じています。小学校で考えれば、子どもが、自分はクラスの一員で、それなりに役割があって、その役割を果たしていて、クラスの子どもや先生から受け入れられている、と思えることが大切なのではないかと思います。小学校のクラスや、会社など実際の社会的集団を考えてみると、集団の真ん中、リーダー的な役割を果たす人もいれば、集団を少し離れたところから見るという役割で集団に関与、貢献している人もいます。筆者は、社会的集団への関わり方は人それぞれ、子どもそれぞれで良いのではないかと思います。自分に合った、無理のない共同体でのあり方を見つけること、それが「共同体感覚」につながるのではないか、と思っています。

劣等性、劣等感、劣等コンプレックス、優越コンプレックス

アドラーと聞くと、「劣等感」を思い出す方もいらっしゃるかもしれません。「劣等感」とそれに

まつわる一連の考えも、アドラーが自らの心理学の中で大切に考えた要素の一つです。アドラーは、人がこころの不調や問題を抱えている時には、その根底には、過剰となった「劣等感」、つまり「劣等コンプレックス」、「優越コンプレックス」があると考えていました。

一九〇七年（アドラーが活躍した時代の初期）に、アドラーは、『器官劣等性の研究（Study on Organ Inferiority）』を発表しました。この論文の中で、アドラーは、人がある器官を欠損すると、特定の器官や構造がその欠損器官を補おうとすること、つまり、補償の考え方を説明しました。そこから、アドラーは、この基本的な生物学的機構の考えを、より心理学的な全体的なものとして置き換えて発展させました[10]。つまり、体の器官だけではなく、人は、自分の能力や特性などについて、劣っていると感じると、別の能力や特性などで、この劣っている部分を補おうとする、ということです。

アドラー心理学では、劣っている感じ、について、次のように三つに分けて考えています。

アドラー心理学における「劣等」についての考え方

●劣等性＝生活上不利に機能する客観的属性
●劣等感＝主観的に、自分が何らかの属性を劣等であると感じること
●劣等コンプレックス＝ライフタスクへの対処を避ける口実として劣等感を使うこと[11]

まず、「劣等性」は、客観的属性なので、他の人から見ても、明らかに不利となっているものです。例えば、心臓が弱い、足や目が不自由である、などです。

次に、「劣等感」は、主観的になるので、本人が劣っていると思っているということがポイントです。

他者から見れば、劣っているようには思えないかもしれません。岩井は、他者と比べて劣っている感じである劣等感を「対他的劣等感」、自分の理想と比べて劣っている感じである劣等感を「対自的劣等感」と表現しています。[12] 例えば、きょうだいと比べて、運動ができないから、自分はダメだと感じるのは対他的劣等感で、テストで一〇〇点を取りたかったのに、八五点だったから自分はダメだと感じるのは、対自的劣等感です。

最後に「劣等コンプレックス」は、劣等感がさらに過剰になった状態です。簡単に説明すると、自分が劣っていることを理由に、日常生活でやらなくてはいけない課題を避けようとするのです。例えば、自分は勉強ができないから、宿題をやっても仕方がない、宿題なんてやれる訳がないなどと、宿題をすることを放棄したり、諦めたりする状態になるのです。

アドラーは、「われわれは皆、ある程度劣等感を持っている。向上したいという状況にいるからである。もし、われわれが勇気を持っているなら、この劣等感を、唯一、直接的、現実的、そして満足のいく手段で、即ち状況を改善することで、自分から取り除くことを始めるだろう[13]」と述べています。アドラーは、「劣等感」はどんな人でも、ある程度は持っていて、それ自体は問題ではない、向上したい気持ちがあるからこそ感じるものだと考えていたのです。劣っている感じをバネにして、克服するために頑張ろうという方向へ働くのであれば、「劣等感」は問題にはなりません。むしろ、この場合には、「劣等感」は、人の成長に必要な原動力になり得ます。

マナスターとコルシーニは、劣等感について、「自分がこうだと思うことと、自分がこうあるべきである、あるいはそうであるに違いないと思うこととの間の食い違いがわれわれを劣等感に導くのである。この食い違う感じを作り出し、劣等と感じないように努力することのうちに、われわれのパーソナリティの創造性の多くが宿っているのである」[14]と述べています。ありたい自分になるために、人は創造力を使って、あれこれと努力していきます。ここに、人の成長があると考えるのです。

例えば、きょうだいと比べて運動ができない、と思うなら、運動ができるようになるために練習をしてみるとか、運動が苦手なら、別のこと（音楽、勉強など）で頑張ろうとか、その人なりに考えて工夫をする訳です。劣等感を払拭するための努力の仕方、努力の動きなどにその人らしさが現れるということです。

しかし、人が、この食い違いを埋めるようとするときに、望ましい方向、つまり有益な、あるいは建設的な方向に（筆者注　アドラー心理学では、人が成長するような方向、人が共同体感覚を発揮する方向に動くことを、英語で"useful"と表現しています。日本語では、「有益」、「建設的」などと訳されています）進めるのは、その人に勇気がある場合のことなのです。

もし、ある人に劣等感を払拭するのに必要な勇気がなかったら、この劣っている感じが、実際よりも誇張されます。そして、そのために自分がとても今の状況を変えることができないと思い込んでしまい、問題が生じるのです。これが「劣等コンプレックス」の状態です。アドラーは、「劣等コンプレックスは、劣等感が異常に高められたものであり、安易な補償と見せかけだけの満足を求めることになる。障害となっているものを誇張し、勇気の供給を少なくして、成功への道を妨げることになる」[15]と述べています。勇気があれば、有益な、建設的な方向で問題を解決しようとしますが、勇気がない場合は、そうではなくなってしまうのです。

同じように勇気がくじかれ、劣等感が過剰になった状態でも、それを隠そうとして好ましくない方向に、自分は優れていると過剰に思い込もうとする状態になることがあります。これを「優越コンプレックス」と呼びますが、これについて、アドラーは次のように述べています。

「しかし、勇気をくじかれ、現実的な努力をすれば状況を変えられると想像できない人を仮定してみよう。劣等感に耐えられないだろう。それでも、劣等感を取り除こうと努めるだろう、しかし、試みられる方法は、少しも彼（女）を前に進めない。彼（女）の目標は、以前として「困難に負けないこと」であるが、障害を克服する代わりに、優れていると〈感じる〉ように自分を説得し、さらには強いることを試みるだろう。そうする間に劣等感は強くなる、（中略）根本的な状況はそのままなのだから、彼（女）が踏むあらゆるステップは自己欺瞞へと導き、すべての問題は、いよいよ大きな緊急性を持って彼（女）にのしかかることになるだろう(16)」

もし、その人の勇気がくじかれていたら、状況を改善する方向に進むことができないのです。その結果、「劣等コンプレックス」を示すようになり、劣っていると強く感じていることを隠すために「優越コンプレックス」を示し、「優れている」と思える何かを作り出し、そのように行動するようになるのです。人は、人より優れていたいという「優越性を追求」する傾向がありますが、この方向性が望ましくない方向に進むわけです。

アドラーは、さらに、「劣等コンプレックスは、それに対して人がしかるべく適応していない、あるいは、準備ができていない問題を前にした時に現れる。そして、それを解決できそうもないという確信を強調する。（中略）劣等コンプレックスは、常にストレスを作り出すので、常に優越コンプレックスへと向かう補償的な動きが出てくるだろう。しかし、それは問題の解決の方へは向けられない(17)」とも述べています。劣っている感じが自分にはどうにもできない状態が続くことは、誰にとってもストレスなものです。人はその状態をどうにか払拭したくて、偽りでも良いから、表面的でも構わないから、劣っていることをないことにしたいのです。そこで安易な補償、つまり、劣っている部分を努力して補うのではなくて、劣っている部分には蓋をして、優越している感じを何とか作り出すのです。表面的には自信たっぷりに見えても、実は自信がない、劣等感がたくさんある、という人は意外といらっしゃるのかもしれません。

筆者は、授業中の行動観察からや、保護者や教職員の方々からの話を聞いて、問題を抱えている子どもが、勇気をくじかれたり、勇気を持てなかったりして、自分の持つ劣等感にうまく対処ができずに、劣等感を実際以上に大きくしてしまっている子どもがいることを、実際に感じています。本人たちは、自分で自分を過小評価していることに気づいていないのだと思います。そうは見てもらえないかもしれないけれど、結構、真面目な子どもが多かったりします。本当は、もっとうまくやりたい、頑張りたいのです。でも、うまくやる方法がわからずに、やる気をなくして困っているのです。困った結果、問題を解決する方向ではない、誤った、そして、安易な方向へ行ってしまうこと（例えば、嘘をつく、サボるなど）が多いのです。そのような子どもたちにアドラー心理学では、勇気づけの態度で関わっていきます。

アドラーは、自分が実際に関わった子どもの症例について、書物をたくさん残していますので、機会があれば、アドラー自身の事例が書かれた書物をご参照ください。時代は変わっても、子どもの本質、人の本質は変わっていないことを感じさせられます。

優越性の追求と共同体感覚の関係について

先ほど、人は優越性を追求する傾向があると、お伝えしました。一方で、先に説明した、共同体感覚は、自分のことだけではなく、他者のことを考える感覚です。この一見、相反するように思われる人の二つの側面は、どのように説明できるでしょうか？

アドラーは、「この共同体感覚が、どのような意味で優越性の追求よりも生まれつきのものであるかとたずねる人があるかもしれない。両方とも根底には同じ核を持っているといえば答えになるだろう。個人的な優越性の追求と共同体感覚は、人間の本性の同じ根拠に基づいているのである。いずれも、認められたいという本源的な欲求の表現するものであるそれらは形が異なるように、その異なった表現形式が、人間の本性について二つの異なった暗黙の判断を生み出す。即ち、個人の観点からすると、優越性の追求は、個人は集団なしにやっていくことができるという理解に基づいており、他方、共同体感覚は、個人は集団に依存しているという見解を出発点としている。人間の本性に関しては、共同体感覚が、個人的な優越性の追求の努力よりも優れていることは疑いない。前者は、より健全な、そして論理的により根本的な見解を表しているが、他方、後者は人間の生活においては心理的な現象として見出されるとしても、表面的な見解に過ぎない[18]」と説明しています。この説明では、よく分からない、とおっしゃる方も多いかと思います。筆者が思うに、人は、自分が優れているという感覚を求める傾向がありますが、優越性を求めるあまりに、他者を蹴落としたり、騙したり、傷つけたりすることがあっては、それは望ましい方向ではないということなのだと思います。アドラー自身が伝えたかったことを筆者が正しく理解できている自信はありませんが、共同体感覚ありきの優越性ということなのではないか、と思います。

セーフガード

アドラー心理学に「セーフガード（safeguard）」の考え方があります。劣等感が過剰に大きくなった場合の「劣等コンプレックス」、「優越コンプレックス」については既に説明はしましたが、人々が劣等感を持った時に、自分自身を守るために取る行動が「セーフガード」です（「防衛機制」や「予防保護行動」などと訳されていますが、筆者はそのまま「セーフガード」とします）。

オバーストとスチュワートは、「患者さんにとって意識的なものは、症状の言い訳としての側面（「私はそうしたいのだけれども、そうできない」）であるが、症状については無意識的なもの、あるいは隠された側面があり、このようなものを「セーフガード」と呼んでいます。神経症の症状は、彼（女）が、劣等感を持つ経験から本人をセーフガードする（守る）ためのもので、精神分析が「精神的防衛」と呼ぶものに類似しています[19]」と述べています。

モサックとマニアッチは、「アドラーは、予防保護行動（筆者注 セーフガードのこと）は対人関係的現象に端を発しているとみなします[20]」と述べています。

梶野は、「これ（筆者注 セーフガード）は、いわゆる勇気をくじかれた人の誤った動きとして捉え、つまり、勇気がくじかれており、共同体感覚の欠如、もう少し簡単に言うと、社会の繋がりが減少した様子を表現していると考えています[21]」と述べています。

セーフガードとは、具体的に、無意識的なものとして、症状を用いる、攻撃性、距離を取る、不安を作る、排他・除外するがあります。意識的なものとして、言い訳や弁明があります。それぞれの説明は、表4を参照してください。

表４　セーフガード

種類	内容
症状を用いる	ある目的のために、「症状」が使われていると考える。 症状の目的や、隠された意図として ●勝利や支配を確実なものとするため ●危険からの回避や退却 ●他者への非難 ●優越性の誇示 ●現実からの要求の免除 ●周囲に奉仕を強いる ●他者の関心を維持させる
攻撃性（主張）	自尊心を守る手段 ●軽蔑……他者を見下すこと、他者の欠点や落ち度を指摘すること、からかうこと、文句を言うことなどで、相手を下げて、自分を優位にする。 ●他者非難……（1）自身の不運・不幸について他者を責める （2）うつ症状を用いる ●自己非難・罪悪感……自己非難は、自分の考えや行動を非難する、責める。他者を傷つけるために自分を傷つけるという目的があると考える。罪悪感は、これだけ罪の意識を感じているのだから、と苦しんでいる姿を表明することで、他者に罪の意識を持たせることになる。
距離を取る（動き）	目的、目標から距離を取る。ライフタスクからの距離をどう取るのか。 ●後退（自殺、広場恐怖、赤面衝動、偏頭痛、拒食症など） ●停止（無気力、心因性の喘息、不安障害、強迫症状など） ●躊躇（強迫症状、病的な弁明など、遅延的な方法） ●障害の構築（創造上の心身的症状）
不安を作る	ライフタスクに取り組むことを避けようとするための一つの手段として「不安」を訴え、他者の関心を維持する。
排他・除外する	自身に合う状況、要求を満たせる場所や自身を認めてくれる人等とのみ接触をする。

言い訳・弁明をする（言語的）	ライフタスクに取り組まないための、言語的な形での言い訳。基本的には、「もし○○であれば、……」という形をとる。（例「もし、○○がなければ、私は……するのに」など）

（文献）

梶野真、「アドラー心理学におけるセーフガード（Safegaurd）」、山口麻美編著、『アドラー臨床心理学入門——カウンセリング編』、アルテ、2017

（補足）

アドラー心理学では、人間は自己への３つの脅威に対して、セーフガードしていると考えます。

(1) 肉体への脅威
　怪我、病気、死など
(2) 社会的脅威
　他者からよく見られない、非難される、恥をかかされる、罰せられるなど
(3) 自分自身で自分をよく思えない、自尊心の損失に関連する脅威

ハロルド・モサック、ミカエル・マニアッチ、坂本玲子監訳、キャラカー京子訳、『現代に生きるアドラー心理学——分析的認知行動心理学を学ぶ』、一光社、2006

ご参考までに、ディンクマイヤーとドライカースは、精神分析での防衛機制についてのアドラー心理学的解釈について、次のように述べています。

「もし、これらのメカニズム（筆者注 防衛機制）を、社会的な意味、目的論、所属、主体性、創造的な力、ライフスタイルという原則の観点から見てみたら、解釈し直せるだろう」「これらのメカニズムは、人が社会の中に自分の居場所を求めるのを手助けするために用いられる。防衛機制は、社会的な目標を持って使われるのである[22]」

アドラー心理学的な防衛機制の解釈についてご興味のある方は、前述で引用した他書に当たってください。

人は誰でも、自分を守るためにセーフガードなどを用いて生活していると思われます。セーフガード自体は悪いものではない、と筆者は思います。本当は、目の前の課題に取り組みたい、取り組まなくてはいけないと思っているけれども、取り組むために必要な勇気が充分にない状態で、どうしたら良いのかよく分からず、その人なりに必死に対応しているのだと思うのです。そのような自分や自分がよく用いているセーフガードに気づくこと、そして、セーフガードの目的を知り、その目的を達成するために、セーフガードよりも建設的な方法を考えることが大切なのです。このような視点は、小学校で子どもたちに関わる際にも役に立つと思われます。

ライフスタイル、パーソナリティの統一性

アドラー心理学には、人間を理解する際に、もう一つとても大切な考え方があります。それは、ライフスタイルの考えで、これまで説明してきたアドラー心理学の様々な理論・考え方が詰まったもの、

まとまったものだと言えましょう。アドラーは、パーソナリティの統一性という表現も用いています。ライフスタイルは、ある人についての様々な情報をまとめる時にとても役立つ考え方です。

「われわれが最初に発見したことは、人間の精神生活は、子ども時代の最も早くに刺激を受けて形成されるということである。このことは、それ自体としては、おそらく特別に大胆な発見ではない。同じようなことは、あらゆる時代の研究者に発見されてきたからである。（中略）そこで、次のことが特別に重要なことであることが明らかになった。即ち、精神現象の個々の現象を、決してそれ自体で完結した全体と見てはならないということ、そうではなく、精神生活のすべての現象を分割できない全体の部分として理解し、さらに、人間の運動の線、生き方の定式、ライフスタイルを発見し、子どもの態度の隠された目標が、後になってその人に見られる態度と同じであることを明らかにしようとする時にだけ、個々の現象について理解できるということである」[23]とアドラーは述べています。アドラーは、ライフスタイルを、将来の目標に向かって運動する人間の運動の線、生き方の定式などと表現し、精神活動を全体として理解するものであるとし、ライフスタイルを、「人生を流れるメロディー」[24]と称し、また、「人は絵であると同時に　画家でもある」[25]とも表現していました。そして、このライフスタイルは、子ども時代から形成され始め、その原型が大人になっても、多かれ少なかれ保たれていると考えられています。

アドラーの中には、ライフスタイルという言葉で表現される主な思想は、最初からありましたが、彼の著述の中でライフスタイルという言葉が使われるようになったのは、一九二六年以降のことで、これは、彼が主に活躍していた三〇年間のうち、およそ最後の一〇年間です。[26]ライフスタイル、という言葉以前に、〈Guiding Image〉、〈Guiding Idea〉、〈Life Plan〉などの用語を用いていたようです。オバーストとスチュワートによると、ライフスタイルは、他の心理学で表現されるところの特性（character）、性格（personality）、あるいは自分（I）という言葉の類義語と考えられており、パーソナリティの全体や、意識的、無意識的な虚構（フィクション）と目標の一式と説明されています。[27]

ライフスタイルは、人の思考、感情、行動のパターンの総称ともいえますし、自分、他者、世間（世界）に対する理想と考え、あるいは、自分や他者や世間をその人がどのように捉えているのかについての価値観、信念の体系で、生きるためのガイドラインとも言えます。これに基づいて、人は、日常生じる事柄を、理解、判断、行動し、問題を解決したり、対処したりして生きているのです。

アドラー心理学においては、人を理解することは、すなわち、その人のライフスタイルを理解することになります。前述した、認知論による「私的理論」（思考）や「劣等感」（感情）はライフスタイルを形成している重要な要素です。また、ライルスタイルは行動のスタイルでもありますから、当然一貫した流れがあり、目的論的な捉え方、全体論的な捉え方が重要になります。その人の「共同体感覚」がどのように発揮されているのかも、ライフスタイルの動きの中に見ることができます。ですから、繰り返しになりますが、アドラー心理学では、その人・その子どものライフスタイルを読み解くことが、何より大切になるのです（ライフスタイルを読み解く技術については、付録2でお伝えします）。

アドラーは、「子どものライフスタイルは通常四歳から五歳までに決定される」[28]と述べ、幼少期にその原型が作られると考えていました。アドラーの弟子であるドライカースは、「四歳から六歳頃までに一定の性格を形作る」と述べ、「子どもの誕生と同時に、未知の世界と出会い、これから学ばなくてはならない生活習慣と出会います。とりわけ生きていくのに必要な機能を働かせ、人生のタスクを果たすために人間社会のルールを学ばなくてはいけません。最初子どもは、自分の限定された環境、すなわちその子の家族の中の人間社会だけを見ています。子どもにとって、この環境が「人生」を意味し、家族のメンバーが「社会」であるように見え、子どもはそれに自分を適応させようとします[29]」と述べています。現代のアドラー心理学では、成人のライフスタイルにつながるライフスタイルの原型は、だいたい一〇歳頃までに作られると言われています。

子どもにとって、最初の社会は、生まれ育った最初の場所であり、それは多くの人にとっては家庭であると思われます。家庭の中で、親やきょうだいなどとの関係性を築く中、家庭に適応しようとする中で、子どもはライフスタイルの原型を作り始めます。様々な事情で、最初の場所が生まれ育った家庭ではない子どものライフスタイルは、当然、複雑になり得ます。そして、家庭から始まった社会生活は、幼稚園・保育園から小学校へと広がって行くのです。

小学校になると、おそらくほぼ初めて、子どもは目に見える評価をされるようになります。テストがあり、点数がつけられ、成績表をもらうのです。これまで以上に、交友のタスクが増えることでしょう。そのような中で、これまでのライフスタイルにはなかった部分が形作られていくことになるでしょう。一〇歳というと、小学校四年生から五年生くらいの時期です。私が知る限り、一〇歳前後の子どもは、自分の考えをかなりしっかり持っています。小学校で出会う子どもたちは、まさに、自分のライフスタイルを作り上げている最中の子どもたちと言えるのです。ですから、小学校で子どもに関わる機会のある大人は、この時期の大切さを充分に理解して、自分の関わりが、人のライフスタイルの原型形成に影響を与える可能性があることも理解して、関わっていただきたい、と筆者は思っております。

ライフスタイルを読み解く技術については、本書の付録2をご参照ください。

【文献】

（1）アルフレッド・アドラー、岸見一郎訳、『人間知の心理学』、アルテ、二〇〇八年、九頁
（2）アルフレッド・アドラー、岸見一郎訳、『子どもの教育』、アルテ、二〇一四年、九～一〇頁
（3）深沢孝之編著、『アドラー心理学によるスクールカウンセリング入門』、アルテ、二〇一五年、八頁
（4）Oberst, U. E. & Stewart, A. E. *Adlerian Psychotherapy: An Advanced Approach to Individual Psychology,* Routledge, 2003, p.19
（5）（2）、二〇頁
（6）ハロルド・モサック、ミカエル・マニアッチ、坂本玲子監訳、キャラカー京子訳、『現代に生きるアドラー心理学――分析的認知行動療法を学ぶ』、一光社、二〇〇六年、五〇頁
（7）（4）、p.18
（8）アルフレッド・アドラー、岸見一郎訳、『人生の意味の心理学（上）』、アルテ、二〇一〇年、一〇八頁
（9）（2）、九八頁
（10）（6）、五十五頁
（11）現代アドラー心理学研究会編、『アドラー心理学教科書』、ヒューマン・ギルド出版部、一九八六年、一二二～一二六頁
（12）岩井俊憲、『感情を整えるアドラー心理学の教え』、大和書房、二〇一六年、一七八頁
（13）（8）、六六頁
（14）G・J・マナスター、R・J・コルシーニ、高尾利数、前田憲一訳、『現代アドラー心理学（下）』、春秋社、

一九九五年、一五六頁
(15)(2)、六三頁
(16)(8)、六六頁
(17)(8)、六七頁
(18)(2)、九二～九三頁
(19)(4)、p.27
(20)(6)、一四六頁
(21)山口麻美編著、『アドラー臨床心理学入門——カウンセリング編』、アルテ、二〇一七年、一五三頁
(22)Dinkmyer, D. & Dreikurs, R. *Encouraging Children to LEARN*, Routledge, 2000, p.17
(23)(1)、一二頁
(24) Heinz, L, Ansbacher, Life Style; A Historical and Systematic Review, p.1, Leroy G. Baruth, Daniel G. Eckstein, *"Life Style: A Historical and Systematic Review" LIFE STYLE: THEORY, PRACTICE and RESEARCH,* Kendall/Hunt Publishing Company, 1978
(25)(2)、九頁
(26)(24)、p.1
(27)(4)、p.9
(28)(2)、一〇六頁
(29)ルドルフ・ドライカース、野田俊作監訳、宮野栄訳、『アドラー心理学の基礎』、一光社、一九九六年、七九頁

付録2　アドラー心理学の技法

付録1は、アドラー心理学の基本的な考えや理論についての説明でした。付録2では、技法的な要素も加えた内容をご説明します。アドラー心理学だけではないと思うのですが、考え・思想・理論的な内容と、技術的な内容を明確に分けて説明するのが難しい面があります。ですから、技法的な内容を説明するこの部分でも、理論的な内容が登場することをあらかじめご理解ください。

筆者の考えですが、アドラー心理学では、大きく分けて次の二つの視点から技法を説明できると思います。

●人のライフスタイルを読み解くという視点からの技法
●共同体感覚を育み、発揮させるという視点からの技法

ここでは、この筆者なりの分類に従って、説明してまいります。

ライフスタイルを読み解くための技術

ライフスタイル形成に影響を与える要因

アドラーは、人のライフスタイルを決定するのは、その人が遺伝的要素や環境的要素に対してもつ「意見」であるとし、個人の主体性を重視しました。だからと言って、遺伝的要素や環境的要素を無視していたわけではありません。これらの要素も影響を与える要因と見ていました。ライフスタイルに影響を与えると考えられる要因は次のとおりです。

〈遺伝的な要因〉

●遺伝的な気質……先天的に遺伝で決定されるとするもの。

●器官劣等性……遺伝的なものであれ、後天的なものであれ、子どもが生活するのに支障をきたすような身体の障害のこと。これらにどのように対処してきたかが重要。

〈環境的な要因〉

●家族布置……親、同居人、きょうだいなどの家族の成員、家族の配置（例 出生順位、性別、年齢差など）、家族成員間の関係性（親子関係だけでなく、アドラー心理学ではきょうだい関係も重要視する）など。

●家族価値……家族が共有している家族の理想、家族の目標など。家族価値は主に、両親が決定する。両親の価値が一致しているとは限らない。家族価値には、「経済的価値」、「社会的価値」、「身体的価値」、「行動上の価値」、「性格上の価値」、「性的価値」がある。これらに対する個人の意見、態度も重要。

●家族の雰囲気……自分の家族がどんな雰囲気の家族であったのか（例 開放的、閉鎖的、協力的、批判的、相手に受容的、拒否的など）[1]

ライフスタイルは、人の思考（認知）・感情・行動のパターンの総称であると付録1で説明しました。ディンクマイヤーらは、人を理解するためのポイントとして、次のように述べています。

（1）パーソナリティは統一性やパターン、つまりライフスタイルとして理解される。
（2）行動は、目標志向であり、目的を持っている。
（3）人間は常に、重要な存在になろうと努力している。
（4）あらゆる行動には社会的な意味がある。
（5）私たちは常に選択できる存在である。
（6）所属は基本的欲求である。
（7）行動は法則定立的ではなく、個性記述性に理解される。
（8）何を持っているかより、どう使うかに注目する。
（9）社会的関心は精神的健康の指標である。[2]

また、ディンクマイヤーとドライカースは、人のパーソナリティ発達に関する基本的な仮説として、次のことを挙げています。

●すべての行動には、社会的な意味がある。
●すべての行動には目的がある。

●個人を主体的に捉えるべきである。
●すべての人は、偏見的解釈をするための創造的な力を持っている。
●所属することは、基本的な欲求である。
●行動は、全体的で動的な基盤により、最もよく解釈できる。
●ライフスタイルはパターン化されており、統一的である。(3)

ライフスタイルを探り、解釈するに当たっては、これらの点を考慮することが大切だということです(表現は異なっても同じことを伝えている内容もあるかと思います。それだけ基本的で重要だとご理解いただければと思います)。ここでは、人のライフスタイルの捉え方・解釈の仕方を、行動、認知(思考)、感情の面から、筆者なりに説明します。付録1と重複する部分もあるかと思いますが、重複した内容は重要な内容だとご理解いただければ幸いです。

行動についての考え方

先述したセーフガードや優越性の追求などは、人の行動に含まれます。ここでは、人の行動全体について、アドラー心理学がどのように解釈するのかについて説明してまいります。

アドラー心理学では、人の動き、つまり行動を大切にしています。人の考えや感情は目に見えにくいものですが、行動は見ることができます。ですから、アドラー心理学では、この行動から、人を見立てていく、つまり、ライフスタイルを読み解くことを大切にしています。

先述した人を理解するためのポイント、パーソナリティ発達に関する基本的な仮説からも、行動を理解することが重要な意味を持っていることがお分かり頂けると思います。そして、行動を見るときには、その行動が、どんな社会的な意味を持っているのかを考えること、もっと具体的にいうと、人の行動が、誰に向けた、どんな目的を持った行動なのか、を念頭に読み解くこと、理解することが大切だということになります。アドラー心理学では対人関係論を重視することはすでに説明しました。ですから、行動も、対人関係の文脈の中で、理解していくことが大切です。さらには、全体論の考えで、人の行動には一貫した流れがあると考えていますから、一つの行動を理解するには、その行動だけではなく、その人の別の行動、複数の行動も併せて考えて、全体に矛盾しない仮説を立てることが大切です。

不適切な行動の目標（目的）

アドラー心理学では、子ども（人）の不適切な行動の目的についての考えがあります。不適切な行動とは、社会的に受け入れがたい行動、共同体感覚を欠いた行動のことです。これらの行動には、当人が意識しようが意識しまいが目的があります。目的を考えることで、これらの行動に接した場合、周囲の人たちがどのように行動したら良いのか、糸口が見出せます。アドラー心理学では、子ども（人）の不適切な行動の四つの目標を提唱しています。詳しくは、第4章の表1および本文を参照してください。

認知（思考）についての考え方

「認知論」でも説明しましたが、人は、自分のものの見方からしか、物事を解釈することができません。

ですから、人はみな、その人らしい「私的理論」、つまり、人が物事を理解する際にやりがちな偏った考え方や基本的誤り、を持っています。人が、どんな「私的理論」を持っているのか理解することが、その人のライフスタイルを理解することの一部になります。「私的理論」やライフスタイルに含まれる基本的誤りの代表例を次に挙げましたので、ご参照ください。「私的理論」の中には、「劣等感」を生み出すものにもつながるものもあります。

「私的理論」や基本的誤りの代表的例

（人の成長に伴って現れるよくある基本的誤り）

①自分は不十分だという気持ち、「私はどうしようもない」など。
②何か特別であると思い込もうとする。例えば、一番ユニークである、とか、一番望みがない、など。
③道徳的に軽視する、例えば、「私には良いところがない」、「私には価値がない」、「私はやるべきことができない」など。
④環境に対して悲観的である。例えば、「世の中は敵だらけである」、「世の中は危険である」、「世の中は生きることを強いている」など。
⑤他者のことを誤解する。例えば、「あなたは、人を信頼することができない」、「人は私が望むことをしなければ、平等でない」、「他者は私に奉仕するためにいる」など。

（ライフスタイルによく見られるタイプ）

①私は認められた時にだけ、居場所がある。
②私は完全に支配している時にだけ、居場所がある。

③私は知的に優れている、あるいは正しい時にだけ、居場所がある。
④私は他者（強い男性、あるいは良い女性）に世話をされている時にだけ、居場所がある。
⑤私は道徳的に正しい、あるいは優れている時にだけ、居場所がある（しばしば、次にあげるタイプに至ることがある）。
⑥私は虐待されていたり、いじめっ子に見下されたりしている時にだけ、居場所がある（殉教者のコンプレックス(4)）。

繰り返しになりますが、これらはよく見られる代表的な例です。必ずどれかに当てはまるわけではありませんが、人の「私的理論」、基本的誤りを理解しようとする際に、当てはまるものはないか、とまずは検討する材料にしてみるのも良いかと思います。

感情についての考え方

アドラー心理学では、感情にも目的があると考えます。心理臨床の現場では、年齢を問わず、自分の感情の理解や調整が上手くできない人、苦手な人によく出会います。感情を出し過ぎてしまう人、あるいは逆に、自分の感情をどう表現して良いのか分からない人など、実は感情にまつわる困りごとを抱えている人は、子どもでも大人でもたくさんいます。最近は、「キレやすい」という言葉を、人の特徴を表す言葉として、心理臨床の現場に限らず、一般的に使うことが増えています。自分にとって嫌なことがあった時に、激怒しやすい人たちのことを表しているかと思いますが、このような特徴のために、対人関係がうまくいかない、ということもよくあります。アドラー心理学では、このような感情には、目的があり、感情を向ける相手がいる、と考えます。

感情についてアドラーは、次のように述べています。

「それ（情動）は、精神器官の時間内に制限された運動形態で、意識的、あるいは、無意識的な強迫の圧力のもとで、突然の爆発のように現れる。そして、性格特性のように目標と方向を持っている。情動は決して謎めいた理解できない現象ではない。それは常に意味を持っているところ、人の生活方式、ガイドラインに対応するところに現れる。それはまた人間の状況を自分の都合の良いものにするために変化をもたらすという目的を持っている(5)」

筆者なりの補足解説をします。まず、「情動」というのは、英語で言うところの"emotion"に当たります。情動について、カールソンは、人間以外の動物にもあるもので、生理的反応を引き起こすものと考えられること、感情は、情動の一つの側面であり、情動の主観的な側面で、英語で、"feeling of emotion"と表現しています(6)。つまり、情動、生理的反応を引き起こす何らかのこころの動きを、自分自身で主体的に感じることで、感情になると説明している、と考えられます。そして、アドラーは、この情動（感情）は、常に意味を持っていて、それは、生活方式、ガイドライン、つまりライフスタイルに現れると説明しています（筆者注 アドラーは「ライフスタイル」と言う言葉を用いる前には、人のパターンを表す言葉として、「生活方式」、「ガイドライン」と言う言葉を用いていました）。

ディンクメイヤーとドライカースは、感情について、次のように述べています。

「……感情は、もはや、行動の背景にあって、人を駆り立てる理解し難い不思議な力ではありません。感情は、人が目的を達成するために用いる道具であると、見なすことができます。感情には、明白な目標と方向性があり、個人の意図をサポートするために使われるのです(7)」

つまり、感情は、目的の行動に人を駆り立てるために用いられる、使用されると考えるわけです。どのような感情をどのような目的を達成するために用いているのか、にその人らしさが現れるわけです。よく、「ついカッとなって、怒りに任せて、普段言えないことを言ってしまった」というような表現を聞きます。これをアドラー心理学における感情の考え方から説明すると、普段言えないことを言うために、「怒り」の感情を用いた、という理解になります。

岩井は、アドラー心理学の立場から、感情の捉え方について、次の三点を挙げています。

①感情にはプラスの「陽性感情」とマイナスの「陰性感情」がある（アドラーは「結合感情」と「離反感情」と呼ぶ）（筆者注「結合感情」とは、自分と相手を結びつける働きをする感情、「離反感情」とは、自分と相手との距離を離す働きをする感情のことです）

②現在の感情、過去に向かう感情、近未来・未来に向かう感情など、時間軸がある

③感情の一部は、目標（理想）と現実（現状）の落差から生まれる(8)

アドラー心理学では、先述したような「怒り」など、一般的には好ましくないと思われるようなネガティブな感情（陰性感情）も、感情からの大切なメッセージであるとして、その感情が出てきた目的を考えることを大切にしています。ネガティブな感情を持ってしまうことは決して悪いことではありません。むしろとても人間らしいことではないか、と筆者は思います。ネガティブな感情を無理に抑えるのではなく、ネガティブな感情が出てきた目的を考え、推測し、理解して、目的に沿った行動をすれば良いのです。もし、「怒り」に、自分の気持ちを分かって欲しい、という目的があることを理解できたなら、自分の気持ちが相手に分かるように、怒らずに伝えれば良いのです。自分のネガティ

ブな感情と上手く付き合っていく方法を考えることが大切であると筆者は感じています。

ここでは、ネガティブな感情の代表例として、「怒り」と「不安」について、アドラー心理学における考え方を簡単に紹介します。

まずは、怒り（苛立ち）の感情についてです。怒りの目的は、①相手の支配、②主導権争いで優位に立つ、③自分の権利擁護、④正義感の発揮、と考えられています。怒りの特徴は、エネルギーが大きく、強い感情であり、そのため表面に出やすいことが挙げられます。また、怒りに隠れた潜在的な感情（例えば、悲しみ、傷つき、心配、寂しさ、孤独感、落胆など）があると考えられ、隠れた感情に気づくことも大切です。

次に、不安の感情についてです。不安の目的は、①自分の身を守ること、②自分を行動に駆り立てること、と考えられています。不安の特徴は、未来に関する感情であること、対象が漠然としていて、手立てがはっきりとしていない時に生じ、何らかの対処を迫る感情であること、と考えられています。

アドラー心理学の感情について詳しく知りたい方は、章末の文献に挙げられた他書などをご参照ください。

早期回想と夢

アドラー心理学で、人のライフスタイルを知るために、ある話を聞くことがあります。それは、「早期回想」と「夢」についての話です。

まずは、「早期回想」についてです。アドラーは、「すべての精神的な表現の中で、もっとも隠れた物を明らかにする表現は回想である。回想は、自分自身の限界や出来事の意味をそれによって思い出せるものである。「偶然の回想」はない。（中略）自分の問題と関係があると見なす回想だけを選び出すのである。これらの回想が「私の人生の物語」を表す。これは、人が暖めたり慰めるために、過去の経験によって目標に集中させるために、あるいは、準備したり試行錯誤のアプローチで未来に対処するために、自分自身に繰り返す物語である[9]」と述べています。さらにアドラーは、「早期回想（子供時代の記憶）が重要であることは、個人心理学の最も重要な発見の一つです。というのも、記憶そのものはきわめて自覚的なもので、質問されると容易に思い出せますが、長期にわたって何を記憶しておくかの選択は、無意識の目的があることが証明されています。もっとも、正しく理解すれば、自覚的な記憶も、治療の間に突然よみがえってくるような無意識的記憶と同じくらい、こころの深部を垣間見させてくれます。（中略）四歳か五歳の頃の早期回想の中には、主として個人のライフスタイルの原型の断片を見ることができ、あるいは、ライフスタイルが特定の形に入念に作り上げられた理由なども見ることができます[10]」と述べています。つまり、人は、自分が覚えていたいことを、覚えていたいように覚えているのであって、そこに、その人らしさ、その人のライフスタイルが現れているわけです。そして、人は今の自分にとって都合が良いように、思い出を選んで使っていて、これからのことに備えて準備しているのです。アドラー心理学では、このような視点で記憶を捉えているのです。これが正しいかどうかは分かりません。しかし、同じ出来事を経験しても、人がそれをどのように意味づけするのか、どのように記憶するのか、そしてその記憶を、いつ、どんな場面で、どのように思い出すのかは、千差万別です。ですから、記憶にも主体性、自己決定性が作用しているのだ、という視点で捉えることには意味があると、筆者は思っております。

「早期回想」、つまり子どもの頃の思い出話をしてもらう時には、「早期回想」として、よりふさわしい思い出を話してもらうために、クライエントさんに伝えることがあります。筆者は、十歳位までの記憶で、昔よく〇〇していた、という思い出ではなく、ある日ある時、こんなことがあった、というエピソード的な記憶で、できれば、鮮明に強く印象に残っている思い出、感情的な記憶がある思い出などを教えてください、というように伝えています。このように説明しても、昔よく〇〇していました、というような思い出を語られる方もいらっしゃいます。その場合は、それが、今のその人にとって大切な思い出なのだろうと思いつつ、そこからさらに関連した思い出が出てこないかそれとなくたずねるようにしています。

そして、「早期回想」を一通り聞いたら、一番鮮明に覚えている一つの場面と、その時の気持ちを聞くことが大切だと言われています。同じ話を記憶していても、どこが一番鮮明に覚えているのか、その時にどんな気持ちだったのか、は人によって異なります。ここにもその人らしさが現れるということです。

筆者は、小学生と話をしていて、「早期回想」を話すようにお願いしたことは、まだありません。ですが、自分から、「私、昔ね……」と思い出話をしてくれる子どももいます。そういう時には、この話は、この子のライフスタイル理解に役立つ、という視点から、話を聞くことにしています。そしてさりげなく、〈いまの話で、一番よく覚えている部分はどこだったの?〉、〈その時、なんて思ったの?覚えている?〉などと聞くことにしています。

次は、「夢」についてです。アドラー心理学では、「夢」についての考え方も、精神分析の諸学派とは異なっています。アドラーは、「人が夢を見る目的は、未来に対する案内を探し、問題を解決することである、と結論づけてもいい。（中略）実際、人は、夢を見る時に、眠りの中で問題を解決することを希望していると言っても過言ではない[11]」と述べ、「私は、夢の生活が覚醒時の生活とは矛盾しないことがわかった。（中略）夢は、それゆえ、ライフスタイルの産物であり、ライフスタイルと一貫していなければならない[12]」と述べています。さらに、夢の目的に関しては、「夢の目的は、それが喚起する感情のうちにあるに違いない。夢は、感情をかき立てる手段、道具でしかない。夢の目的は、後に感情を残すことである」、「夢を見るのは、問題の解決を確信しておらず、現実が眠っている時にさえ、われわれを圧迫し、われわれが困難に直面している時だけである、と確信できる」、「夢の目的は、コモンセンスの要求に対して、ライフスタイルを守ることである」、「その目的はすべて、特定の状況に対処するために、もっとも良く準備できる気分を創り出すことである[13]」と述べています。また、レオ・ゴールドは、「夢では、自分の外部に気を取られていないので、自分が夢中になっている体験や、理解や問題解決の可能性を探索する経験に、自分の私的理論をより完全に適用することが可能になります。この夢の過程では、その日の出来事の意味を明らかにするためだけでなく、翌日の活動の中に連続性の基礎を築くためにも、私たちは、それらの出来事に、対応することと理由づけすることに関する自分独特のモードを適用するのです。この意味において、夢は、現在のことに対処することと、翌日に個人が活動し続けられることを可能にする統合体を築こうとすることで、人が将来に対して準備できるようにするのです。夢は、深刻な妨害なく、思考、気持ち、そして理解が、ある覚醒期間から次の覚醒期間へ連続することを可能にするのです[14]」と述べています。夢は、現実の生活や、そこにある問題に対処するための、準備、リハーサル（特に、感情面）である、と考えるのです。そして、夢にもその人のライフスタイルが現れると考えることが大切だという事です。夢の中に出てきたものや事柄を、精神分析などでは、象徴として、誰が見た夢であっても、ある程度決まった解釈をする事があります。アドラー派でも、ある特定の行動をとる夢を見た人は、ある程度同じような傾向にある、と一般的に捉えることもありますが、それ以上に、その夢を見た人にとって、夢の中での人、もの、出来事、行動などがどんな意味を持つのか、その人がその時にどんな状況にあってみた夢なのか、などを重視します。

筆者は、仕事などの締め切りが近づくと、決まったパターンの夢を見ます。詳細は、その時々によって異なるのですが、概要はだいたい同じです。普通に行けば、目的地に約束の時間までに充分に着けるはずなのですが、なぜか、いろいろな予想外の出来事が起こって、なかなか目的地に着けず、「時間がない、どうしよう！」と、だんだんと焦りが増してくる、という内容の夢です。これは、焦る気持ちのリハーサルだ、と言えましょう。

「早期回想」や「夢」には、その人が今、直面している課題やその人のライフスタイルが知らず知らずのうちに現れている、という視点で理解しようとすることがアドラー心理学では大切です。「早期回想」や「夢」の内容には、その人が現在直面している課題やその人のライフスタイルが、より自然に現れると考えられています。ですから、「早期回想」や「夢」は、人を理解しようとする際には、重要な手がかりとなるのです。「早期回想」や「夢」の内容と、その人のライフスタイルとしてすでに推測されている内容とを相互に照らし合わせながら、さらにその人のライフスタイルを読み解いていくということになります。カウンセリングなどでは、クライアントさんと「早期回想」や「夢」の話をする際、それらの話と現在においてのことで、関連していること、似ていること、つながっていると本人自身が気づいたり、感じたりすることなどがないか、たずねることがあります。「早期回想」

や「夢」をきっかけに、新たな理解や気づきが生じる可能性が多いと思われます。

「早期回想」などの思い出の話や、「夢」の話を聞く時に、もう一つ、筆者が着目している点があります。それは、その人の得意な感覚器を好んで使用し、記憶すること、表現することに使っています。思い出の話や夢の話に、視覚的情報が多く出てくれば、その人は視覚が優れているのでしょう。聴覚的な情報が多く出てくれば、その人は聴覚に優れているでしょう。同じように、触覚、味覚、嗅覚なども得意であれば、話の中に自然に出てくると思います。筆者は、その人の感覚のあり方を垣間見ることができる、という視点でも話を聞いております。ちなみに、筆者の場合、夢や記憶では、自分は自分の役を演じているので、自分の姿を見ることはほとんどありません。自分の姿の記憶は、写真に写っている自分の姿を見た記憶が主です。夢や、記憶を思い出す時は、自分が実際に動いている感じがします。視覚的な記憶は、一応ありますが、あまり詳しくはありません。色彩は、それほどはっきりとしておらず、セピア色のような画像が多いです。記憶や夢が、映像、動画だという方もいますが、筆者の場合は、何枚かの静止画像の連続といったものです。そして、ほとんど音は聞こえません。夢の中で音を聞くことはほとんどなく、音や相手の言葉などは、耳で聞くというよりは、こう言われたのだろうな、と心で理解しているという印象です。筆者は仕事上、他の方々の記憶や夢の話を聞く機会が多いですが、「早期回想」や「夢」のあり方は、聞けば聞くほど千差万別だと感じています。

ライフスタイルのまとめ方

ライフスタイルのタイプ（類型）

多くの情報から、ライフスタイルを一貫した流れとしてまとめ上げることは、とても大変です。特に経験の浅い人がまとめる場合は、何をどうして良いのやら、途方に暮れてしまうでしょう。他の心理学でもそうですが、アドラー心理学でもライフスタイルについてのタイプ（類型）が考えられています。タイプを最初に考えたのはアドラーですが、後のアドラー派の方々が自身の経験からタイプ分けをさらに発展させました。タイプ分けの目的は、人のライフスタイルをいずれかのタイプに分けるためではありません。本来の目的は、タイプに分けることよりも、タイプというモデルを示すことで、アドラー心理学の初学者が、ライフスタイルについて学びやすく、理解しやすくするためでした。タイプというモデルがあれば、「この人は、○○に近いな」、「この人には、○○の傾向が強いけど、別の傾向もあるな」とか、考えることができます。ライフスタイルを見つめる手がかりがあれば、始めは雲をもつかむかのように感じられるライフスタイルの分析、理解も、身近に感じられるようになる、と筆者は感じています。タイプ分けはそれを提唱した人により内容が異なりますが、ここでは代表的なものを紹介します。

ライフスタイルの代表的なタイプ（類型）

（アドラーによるタイプ）

●「理想的……共同体感覚タイプ」唯一破壊的な性質がなく、他者の福利に関心があり、世の中のために協力的に働ける。

●「ゲッタータイプ」あまり活動の量は多くなく、共同体感覚も低くて、どれだけ自分の手に入れられるかだけに関心を持ち、他者に依存して自分の事を他人にやらせるタイプ

●「独裁者タイプ」活動量は多いのですが、共同体感覚は少なく、他者を支配し、自分の思う通りにさせようとするタイプ

●「逃避タイプ」共同体感覚も活動量も少なく、何かに立ち向かうことを避け、距離を置こうとする[15]

（現代アドラー心理学派でよく用いられる類型）

●「ドライバー」仕事没頭型、目標を達成することを第一にする理想主義で、常にトップを目指す人。暇な時間、余った時間が苦手。

●「ベイビー」注意を払われること、支えられることが大好きで、楽しむこと、遊ぶことも大好き。可愛らしさ、愛想の良さで自分の居場所を見つける。一人になることが苦手。

●「エキサイトメントシーカー」刺激的な感覚を経験したいという目標を持っている人。刺激的な感覚や感情を得ることが大切。退屈が苦手。好奇心旺盛で、安全よりも探求が大事。

●「プリーザー」人の評価、承認を求める。人に嫌われたくない、批判されたくない一方で、人を喜ばせたいため、人の心を読むことに長けている。

●「コントローラー」失敗してはいけない、感情的になってはいけないなど、自分自身を律する人。決まった手順、スケジュール、秩序にこだわり、几帳面。創造的なこと、リスクを追う事が苦手。[16]

ライフスタイルは、一〇〇人いれば一〇〇通り、千差万別です。ですから、代表的なタイプに当てはまる人もいれば、当てはまらない人もいますし、複数のタイプの特徴を持つ方もいらっしゃいます。繰り返しになりますが、タイプはあくまでもライフスタイルを読み解くための参考にしていただけれ

ばと思います。

ライフスタイルをまとめる視点

ライフスタイルをまとめる視点として、次の三点が用いられますので、簡単に説明します。

（1）自己概念……「自分自身がどんな風であるか？」についての信念群

（2）世界像……「私をとりまく世界は私に対してどのようであるか」という問いへの答え

（3）自己理想……「私はどうあるべきか？」という問いへの答え[17]

例として、次のように表現できます。

（1）「私は、○○な人である」（例「私は、プレッシャーに弱い人間である」）

（2）「世の中は、○○である」、「他者は、○○である」（例「世の中は厳しい」、「他者は、よそよそしいものである」）

（3）「自分は、○○であるべきだ。○○でなければならない」（例「自分は、完璧であるべきだ。したがって、どんなことにも諦めずに取り組まなければならない」）

先述した「私的理論」で説明した考え方や、ライフスタイルの類型を説明している文章の中にもこれらの視点からの表現が見られたかと思います。ここでの注意事項は、ライフスタイルに、これら三種類の要素があるのではなくて、ある人のライフスタイルを表現するのに、この三つの表現方法、視点があるということです。あくまでも、その人のライフスタイルは全体で一つであり、それを表す表現方法や切り口が複数あるということです。一人の人のライフスタイルについて表現しているので、当然、この三つはお互いに関連していると考えます（例 世間は厳しく、私は弱い人間なので、他者は私を守るべきだし、私は他者に守られて生きていくべきだ）。人によって、この三つのうち、分かりやすい視点が異なるかもしれません。一つの視点から、別の視点を推測することもできるかと思われます。

ご参考までに、ライフスタイルを調べたりまとめたりするための専用用紙もあります（使用の有無は任意です）。

共同体感覚を育み、発揮させるための技術

勇気とは

本書では繰り返し、「共同体感覚」を発揮できない人は、勇気をくじかれた状態にあると説明しています。ですから、アドラー心理学が目標とすること、すなわち、人が共同体感覚を育んだり、発揮したりするためには、まず、その人に「勇気」がなくては始まりません。したがって、共同体感覚を育み、発揮させるための技術＝勇気づけ」になります。

勇気という言葉はみなさんご存知でらっしゃると思いますが、アドラー心理学における勇気とは、どのようなものなのでしょうか？　八巻は、「アドラー心理学は、別名、「勇気づけの心理学」と呼ばれているくらい、この「勇気づけ」はアドラー心理学において重要な概念の一つです[18]」と述べています。

本書でも、すでに何回も「勇気」、「勇気づけ」という言葉が登場していますが、ここで改めて、「勇気」がどういうものなのかを見てみましょう。岩井は、「勇気」を「リスクを引き受ける力」、「困難を克

服する努力」、「協力できる能力の一部[19]」としています。八巻は、「アドラー心理学では、「勇気」とは、健全・建設的に生きていくための能力のようなものであり、人生の様々な課題から逃げずにそれに取り組んでいく・直面していくには、「勇気」が必要不可欠だと考えられます[20]」と述べています。

勇気づけ

先述した、「勇気」を他者に与えるのが「勇気づけ」になります。岸見は、「横の関係に基づく援助のことをアドラー心理学において「勇気づけ」と呼んでいます[21]」と述べています。

岩井は、勇気づけるの「大きな特徴のひとつとして、「ほめる」は相手が成功した時にしか使えませんが、「勇気づける」は成功した時のみならず、残念ながら失敗した時にも使うことができます[22]」と述べています。

筆者が考える「勇気づけ」は、人が自分自身を自分なりに受け入れたり、自信を持てたり、そのことによって主体的に責任を持って自分の課題に取り組むための行動ができたりするように、繰り返し相手に働きかけることではないか、と思っております。「勇気づけ」をする際に、特に大切なことは、言葉かけなどの技術よりも、まずは、「勇気づけ」の態度であると考えられています。筆者なりに、勇気づけの態度を表現すると、相手に共感的な態度、相手の興味・関心に焦点を当てる態度だと思われます。「勇気づけ」の態度では、相手はこの経験をどのように感じているのだろうか、この経験はどんな意味を持つのだろうか、などと相手の身になって考えるように努めます。自分なら気にしないけど、きっとAさんはすごく気にしているに違いない、とか、自分にとってはたいしたことではないけれど、Aさんにとってみたら、すごく嬉しいことに違いない、とか、勇気づけをしようとする相手の価値観や気持ちに、できる限り寄り添う態度であろうと努めます。

筆者は、「勇気づけ」を学んだ当初、かなり張り切って他者を勇気づけよう、勇気づけなくては、と空回りしていました。「勇気づけ」は態度から、とは学んでいたのですが、そのことが本当には分かっておらず、自分が勝手に勇気づけになるであろうと思っていた言葉かけや行動をしていたと思います。今になって思うと、相手にとって迷惑だったことがあったのではないか、と恥ずかしく、反省しかりです。「勇気づけてあげよう」、とか、「勇気づけなくちゃ」、などと思ったら、その時点ですでに、「横の関係」とか「共感的」ではなくなっているのかもしれません。浅井は、人が勇気づけられたと思う経験を研究した結果から、勇気づけの相互性を重視し、勇気づけを「与え手の意図的または無意図的な関わりにより、受け手が建設的にライフタスクに取り組むために必要な心的エネルギーである【勇気】を得ること」[23]と、どちらかといえば、勇気づけを受ける側から定義しています。相手が、勇気づけられた、と感じて初めて勇気づけが成立するのであって、勇気づけをする側の独りよがりではいけない、ということが大切なのだと筆者は理解しております。

時に、勇気づけ的関わりは、バーバルなものだけではなく、ノンバーバルなもの、例えば、近くで見守っているとか、何気ない行動でも成立することもあると感じています。その人の顔を見るとどういう訳か安心するという存在の方もいらっしゃいます。このような人は、その人の存在自体が勇気づけになっているのだろうと思います。このような人物になれたら、理想の臨床家なのかな、と筆者は思っていますが、それにはまだまだ、経験や失敗からの学びなどが必要であると感じています。

また、「勇気づけ」と「ほめる」について、よく両者の違いや類似点などが述べられています。相手の良い点を認めるところは共通点だと思われますが、当然異なる点もあります。異なる点はいくつか挙げられると思われますが、筆者なりの説明をしてみます。

まず、「ほめる」は、ほめる側の価値観や基準があり、相手がほめる側の価値観や基準を満たした時に、「よくやった」などと評価することだと思われます。要するに、ほめる側の価値観や基準を満たしたという条件で、合格という評価がされる、結果が重視されるという印象です。

一方、「勇気づけ」は、何かを成し遂げた時には、相手の価値観、基準を尊重した上で、一緒に喜ぶこと、相手の努力に敬意を払うこと、などになります。さらには、失敗した時にでもすることができます。うまくいかなかった時の悔しい、悲しいなどの気持ちに共感的な態度を示したり、今まで本人なりに努力をしてきた過程を尊重する態度を示したり、そっとしておいて欲しければ見守りつつそっとしておいたり、次にどうすれば良いのか考えたいのであれば一緒に考えたりすることになります。繰り返しになりますが、勇気づけには目標があります。それは、共同体感覚の育成、発揮であり、本人が、自分が取り組むべき課題を理解し、共同体感覚を発揮する方向に取り組んでいけるように歩いていけるような活力を与えることです。これを念頭に置き、相手に働きかけることが大切です。

岩井は、勇気づけ実践のステップを、「ステップ1 自分自身を勇気づける、ステップ2 相手の勇気くじきをやめる、ステップ3 勇気づけをはじめる」[24]と紹介しています。他者を勇気づけできる人物は、まずは、自分自身を勇気づけられなくてはいけないということです。

ある人にこのステップを紹介したら、「ステップ1の前に、ステップ0があると思います。それは、自分自身の勇気くじきをやめることです。」とおっしゃいました。筆者は、それはとても良い意見だと思いましたので、その方の許可を得て、その考えを紹介させてもらっています。

勇気づけには、他者への勇気づけだけではなく、自分自身への勇気づけというのもありますが、これは、簡単にできるとは限りません。他者からの勇気くじきに慣れてしまっている人は、他者からの勇気づけを受け入れることや自分自身を勇気づけることに時間がかかることもあります。人に〈頑張っていますよね〉と言われても、「自分なんて、全然、頑張れていません」などと応える人、子どももいます。このような返答があった時には、筆者は、〈ご自分ではそう思っているのですね〉と、まずは相手の気持ちを汲み取るように心がけます。その上で、例えば、〈不思議に思うかもしれませんが、あなたは頑張っていないと思っていても、私には、あなたが頑張っているように思えるのですよね〉と、伝えます。何度かこちらが感じていることを伝えると、そのうち、「私、頑張っているって思っていいのでしょうか？」ということがあるかもしれません。そんな時は、〈はい、私は、そう思って良いと思います〉と伝えます。時間がかかることもあるかもしれませんが、勇気づけられている人は、勇気を持つことができ、そのうち、自分自身を勇気づけられるようになると筆者は思っています。

以上のように「勇気づけ」について説明してまいりましたが、これを読んでも、「何だか、勇気づけって簡単かと思ったら、難しそうで、できそうもない」と思われる方もいらっしゃるかと思います。確かにそう思われる通りかもしれません。これを言ったら勇気づけになる、という決まった言葉はほとんどありませんし、同じ言葉、同じ行動でも、相手によって勇気づけになる場合もあれば、ならない場合もあるので、ますます難しそうです。それでも、まずは、勇気くじきをしないこと、を目標に「勇気づけ」を始めてみるのも良いかと思います。相手にとって、勇気くじきになるようなこと（例えば、相手を傷つけたり、相手をイライラさせたりするようなこと）を控えるだけでも、勇気づけにつながるかと思います。勇気づけに決まった言葉はほとんどない、と申しましたが、感謝を伝える言葉は、勇気づけになることが大変多いです。相手が自分のためにしてくれた行動（例え、それが、日常的な些細な行動であっても）に対して、「ありがとう」と言ってみることから始めるのも、よいかもしれません。

本書の第2章に、「不完全である勇気」という考えを紹介しました。人は、不完全な生き物なので、いきなり完璧な勇気づけを目指すのではなく、今の自分にできる勇気づけを試してみる勇気を持つことが大切だと思われます。筆者は、臨床現場で初めて関わる人を相手にする時は、どういう態度や言葉かけが勇気づけになるのだろうか、と緊張しながら臨んでいます。数回関わってみても、どのような働きかけが勇気づけになるのか、なかなか分からないこともあれば、あれは失敗だった、と反省することもあります。最後まで、自分の働きかけが勇気づけにならずに終わってしまい、自分がとても無力に感じることもあります。そのような時には、自分の力量のなさを痛感させられます。それでも、カウンセラーが心がけることは勇気づけだ、と思い、自分にできる工夫をしながら働きかけ続けることが大切だと感じています。カウンセラーなどの対人援助職は、他者を勇気づける活動をしているので、当然、自分の勇気が枯渇してしまったら、他者を勇気づけることが難しくなってしまいます。ですから、自分自身にとって何が勇気づけになるのか、自分はどんなことがあると勇気が湧いてくるのか、などを理解し、自分自身を点検し、勇気を補充しておくことも大切であると筆者は感じています。

「勇気づけ」については、すでにたくさんの書物が出版されているので、詳しい説明は、文献に挙げた他書などを当たっていただければと思います。

アドラー心理学は「共同採石場」

付録1、付録2でアドラー心理学の基本的な要素をお伝えしてきました。読まれた方の中には、「これ、アドラー心理学の内容だったの？」とか、「この考え方は、別の心理学に似ている」と思う方がいらっしゃるかと思います。

エレンベルガーは、「個人心理学（筆者注　アドラー心理学のこと）が現代の心理学に大きな衝撃を与えたことは、疑念の余地がない」とした上で、「一言の断りもないままに各方面からこれほどまでに多くのものを剽窃された人は、アルフレート・アードラーをおいて他にあまり例を見ないのではないだろうか。彼の学説は、（中略）「共同採石場」みたいなもので、誰もがみな平気でそこから何かを掘り出してくることができる」[25]と述べています。つまり、アドラー心理学の思想が、そうとは知られずに参考にされていることや、影響を与えていることが多いということだと思われます。アドラーから直接、講演、講義、セミナーなどを受けたことのある人は、アドラーの影響を多少なりとも受けていたでしょう。それを公言している人もいますが、そうでない人もいるようです。これは、残念なことに聞こえるかもしれませんが、この実態こそが、アドラー心理学が、「人間知」の心理学であることの証ではないか、あるいは、この状況を受け入れていることがアドラー心理学の「共同体感覚」の現れではないか、と筆者は思っています。筆者は、アドラー心理学は、学べば学ぶほど、その深さがわかってくると感じています。本書をきっかけに、アドラー心理学をもっと学んでみたい、と思う方が増えてくだされば幸いです。

【文献】

（1）野田俊作監修、現代アドラー心理学研究会編集、『アドラー心理学教科書――現代アドラー心理学の理論と技法』、ヒューマンギルド出版部、一九八六年、五三～六四頁

（2）ドン・ディンクマイヤー・ジュニア、ジョン・カールソン、レベッカ・E・ミシェル著、浅井健史、箕口雅博訳、『学校コンサルテーションのすすめかた――アドラー心理学にもとづく子ども・親・教職員のための支援』、遠見書房、二〇一九年、五五頁

（3）Dinkmyer, D. & Dreikurs, R. *Encourage Children to LEARN*, Routledge, 2000, pp.8-15

（4）（3）、pp.25-26

（5）アフルレッド・アドラー、岸見一郎訳、『性格の心理学』、アルテ、二〇〇九年、一二七頁

（6）ネイル・R・カールソン、泰羅雅登・中村克樹漢訳、『第4版 カールソン神経科学テキスト脳と行動』、丸善出版、二〇一三年、三九八頁

（7）（3）、p.16

（8）岩井俊憲、『感情を整えるアドラー心理学の教え』、大和書房、二〇一六年、四頁

（9）アルフレッド・アドラー、岸見一郎訳、『人生の意味の心理学（上）』、アルテ、二〇一〇年、九二頁

（10）アルフレッド・アドラー、岸見一郎訳、『人はなぜ神経症になるのか』アルテ、二〇一四年、一四四頁

（11）（9）、一一九～一二〇頁

（12）（9）、一二三頁

（13）（9）、一二四～一二七頁

（14）Leo Gold, "Life style and Dream", p.24, Leroy G. Baruth, Daniel G. Eckstein, *"LIFE STYLE: THEORY, PRACTICE and RESEARCH"*, Kendall / Hunt Publishing Company, 1978
（15）ハロルド・モサック、ミカエル・マニアッチ、坂本玲子監訳、キャラカー京子訳、『現代に生きるアドラー心理学——分析的認知行動療法を学ぶ』、一光社、二〇〇六年、一一五頁
（16）鈴木義也、八巻秀、深沢孝之、『アドラー臨床心理学入門』、アルテ、二〇一五年、九三〜九四頁
（17）（1）、三三一〜三三六頁
（18）（16）一〇〇頁
（19）岩井俊憲、『人生が大きく変わるアドラー心理学』、かんき出版、二〇一四年、一八頁
（20）（16）、一〇一頁
（21）岸見一郎、古賀史健、『嫌われる勇気』、ダイヤモンド社、二〇一三年、一七九頁
（22）岩井俊憲、『カウンセラーが教える「自分を勇気づける技術」』、同文館出版、二〇一三年、四九頁
（23）浅井健史、「人はどのように勇気づけられるのか？——勇気づけの関連要因とメカニズムに関する研究から」日本臨床・アドラー心理学研究会第五回大会　配布資料、二〇一五年
（24）（19）、一六七頁
（25）アンリ・エレンベルガー、木村敏、中井久夫監訳、『無意識の発見（下）』、弘文堂、一九八〇年、二七一頁

おわりに

本書を読んでくださり、誠にありがとうございます。本書では、筆者なりに、小学校でのスクールカウンセリングに活かすアドラー心理学をお伝えしました。筆者とは異なる方法で、アドラー心理学を活用されている方々もいらっしゃるかと思います。アドラー心理学を活用したスクールカウンセリングに決まった方法はないと思いますので、アドラー心理学実践の一つの参考にしていただければ幸いです。筆者が、アドラー心理学を活かして、スクールカウンセラーとして活動し続けられるのは、アドラー心理学の普及、実践に早くからご尽力されている諸先生方、諸先輩方からの教えと学びがあってのことと思っております。ここで改めて、皆様に敬意を表しますとともに、御礼申し上げます。また、執筆速度がゆっくりである筆者に、度々、執筆の機会を与えてくださるアルテの市村社長にも、御礼申し上げます。

第一次世界大戦後に、子どもたちのために活動をしていたアドラー自身やアドラー派の臨床家たちの思い、考えなどを胸に刻みながら、筆者も、日々、試行錯誤しつつ、子どもたちのために、教職員の方々、保護者の方々、関連機関の方々などとの協力、協働を心がけ活動しております。スクールカウンセラーとしての筆者の活動を受け入れてくださり、協働してくださる教職員や関連機関の皆様に、また、相談に来てくださる保護者の皆様に、心より感謝を申し上げます。皆様のおかげで、スクールカウンセラーとしての活動が成り立っているのだと、実感しております。

小学校でスクールカウンセラーの仕事をしていて思うこと、それは、子ども達には、とてもたくさんの力があるということです。考える力も、勇気を持つ力も多分にあり、共同体感覚を育み、発揮する力もある、ということです。スクールカウンセラーはもちろんのこと、子どもたちに関わる大人たちがするべきこと、それは、目の前にいる子どもを信じ、勇気づけすることだと、本書を執筆しながら、改めて強く思いました。これは、シンプルであるからこそ、続けることが難しいのかもしれません。時にうまくいかなくても、続けていこうと思えるのは、子ども達に、日々、良い意味で驚かされ、色々と教えてもらっているからです。そして、子どもたちの姿や笑顔に、スクールカウンセラーとしての筆者が、たくさんの勇気をもらっているからです。今まで関わることのできた全ての子どもたち、そして、今、関わっている全ての子どもたちに、たくさんの感謝の思いを込めて。

二〇二〇年五月

山口　麻美

◆著者

山口　麻美（やまぐち　まみ）

1974年、千葉県生まれ。東京外国語大学外国語学部ドイツ語学科卒業。一般企業での勤務経験の後、青山学院大学大学院教育人間科学研究科心理学専攻臨床心理学コース博士前期課程修了。公認心理師、臨床心理士、アドラーカウンセラー。現在、東京都公立学校スクールカウンセラー、千村クリニックカウンセラー、発達支援関連の特定非営利活動法人カウンセラー、スタッフ。編著に『アドラー臨床心理学入門――カウンセリング編』（アルテ）、分担執筆に『アドラー心理学によるスクールカウンセリング入門』『不登校と向き合うアドラー心理学』（ともにアルテ）『基礎から学ぶ心理療法』（ナカニシヤ出版）。

小学校でのスクールカウンセリングに活かすアドラー心理学
――どうすれば子ども、保護者、学校を勇気づけられるのか

2020年7月15日　第1刷発行

著　者　山口　麻美
発行者　市村　敏明
発　行　株式会社　アルテ
〒170-0013　東京都豊島区東池袋2-62-8
BIGオフィスプラザ池袋11F
TEL.03(6868)6812　FAX.03(6730)1379
http://www.arte-book.com
発　売　株式会社　星雲社
（共同出版社・流通責任出版社）
〒112-0012　東京都文京区水道1-3-30
TEL.03(3868)3275　FAX.03(3868)6588
装　丁　Malpu Design（清水良洋＋高橋奈々）
印刷製本　シナノ書籍印刷株式会社

ISBN978-4-434-27748-1 C0011